京津冀基础教育协同发展研究

THE RESEARCH ON BASIC EDUCATION COLLABORATIVE DEVELOPMENT IN BEIJING-TIANJIN-HEBEI

杨 娟 / 著

中国财经出版传媒集团

经济科学出版社
Economic Science Press

目　录

Contents

绪　论

2015 年 4 月 30 日，中共中央政治局会议审议通过了《京津冀协同发展规划纲要》（以下简称《纲要》），开启了京津冀一体化的新篇章。《纲要》提出要加快公共服务一体化改革，教育作为基本社会公共服务，在京津冀协同发展战略中发挥基础性作用。京津冀在基础教育领域的协同发展不仅是单纯的教育问题，而且可以促进京津冀地区的经济和人口结构调整以及发展方式的转变，为三地发展提供人才支持。

京津冀基础教育协同化发展中的“协同”应是京津冀政府、社会组织、学校以及相关企业之间基于共识、突破传统范畴的多角度、全方位的深度协作，意味着京津冀相关职能部门、各级各类学校、教育研究机构和社会组织等不同类型、不同性质的各方机构，基于行政视角、研究视角和实践视角的协同，教育政策、教育制度和教师实践等不同层面间的协同，学校教育、社会教育和家庭教育等多种类型教育之间的协同，教师、家长和社会人士等多类主体间的协同，以及国内和国际教育实体间的协同。同时，协同合作应共赢互利，建构协同运作机制。

京津冀教育协同发展是一个长期的历史进程和系统工程，它既有自己的历史发展轨迹，也有与时俱进的新内涵。第一，它是贯彻落实习近平总书记对首都工作和京津冀协同发展的重要指示。第二，它是贯彻落实《国家新型城镇化规划（2014—2020 年）》的需要。促进京津冀教育协同发展，必须有利于京津冀地区推进新型城镇化；必须与建设“世界级城市群”的战略目标紧密结合；必须在京津冀地区的城镇化建设中，更好地实现人口、资源、产业、公共服务、环境等的协调发展。第三，它是贯彻落实深化教育领域综合改革战略部署，更好地研究和设计促进京津冀教育协同发展的基础、动力和运行机制。第四，它是密切把握国际教育发展趋势，把教育开放作为提升文化软实力、教育竞争力的有效手段。

关于京津冀基础教育协同发展问题的研究可以追溯至对区域教育一体

化的讨论。所谓区域教育一体化，是指破除区内阻碍教育资源自由流动的体制性障碍，在对现存教育资源优化配置的基础上，广泛吸引教育投资，增加和丰富优质教育资源供给，形成优势互补、梯次推进的有序合理的统一的教育体系。区域教育一体化的类型非常丰富：包括行政层级范围内的一体化，如县区教育一体化、城市群教育一体化、省域教育一体化甚至国家之间教育一体化；包括行政区域之间某一教育类型的一体化，如职业教育一体化、义务教育一体化、高等教育一体化；也包括行政区域和教育类型交叉而形成的教育一体化。

区域教育一体化的思想起源于区域经济学理论。沃尔特·艾萨德（1960）所著的《区域分析方法》是区域经济学正式形成的标志，1978年，苏联著名经济学家涅克拉索夫的著作《区域经济学》使区域经济学研究进入了一个新的高度。区域经济学致力于在区域经济发展中总结规律，发现区域经济增长促进的有效途径和措施，以及如何运用这些途径和措施在发挥区域优势的基础上实现资源优化配置与提高区域整体经济效益，从而为地区发展做出贡献。美国区域学者弗里德曼（Friendman，1966）将区域经济一体化分为四个阶段和四种空间结构：前工业阶段的均质无序的区域空间结构，过渡阶段的中心外围结构，工业化阶段多个规模不等的中心外围结构，以及后工业化阶段一体化的空间结构体系。除此之外，教育公平理论（科尔曼，1966；罗尔斯，1971）、系统论、协同论等也构成了区域教育一体化的理论基础。

国内来说，在区域经济一体化发展背景下，为经济发展提供人力资本的教育一体化日渐成为人们关注的焦点。《国家中长期教育改革和发展规划纲要（2010—2020年）》明确指出，要统筹推进教育综合改革，促进教育区域协作，提高教育服务经济发展的水平，推进县（市）教育综合改革试点，探索省际教育协作改革试点，建立跨地区教育协作机制。教育部2009年以来与多个省、直辖市签订部省共建教育综合改革试验区协议，以全面推动教育统筹发展和提高教育现代化水平。在教育改革从条块分割走向区域联动的过程中，区域教育一体化成为核心内容。根据经济发展需要，市域甚至省域之间的教育联合发展已经成为推进区域教育的重要形式。

国内外关于教育资源配置问题的研究主要是以公平、效率和质量为重点进行的。美国的乔纳森·T. 休斯（Jonathan T. Hughes）提出的资源共享理论，在教育资源共享的原因、模式、影响因素以及配套措施等方面，提供了一个如何使有限的教育资源得到合理有效利用，以及如何实现教育资源配置均衡化的新思路。王蓉（2003）通过对我国义务教育经费的区域性不平衡进行实证性分析，发现小学和初中的教育经费支出上的不平等主要是由省内差异引起的。沈有禄（2008）、刘宝生（2008）以及杨启亮（2010）围绕教育资源配置方式、教育资源配置的均衡与效率、教育效率与教育公平的关系展开了研究，但以“基础教育资源配置”为题的论文和专著较少。

本书通过分析大量京津冀基础教育的数据，分析了北京、天津和河北三地在总体教育水平、教育机会、教育投入以及流动人口子女受教育状况的差别，构建了京津冀基础教育发展指数，对比分析了教育政策对流动人口子女留守的影响以及京津冀地区教育代际持续性的变化趋势，最后提出了教育协同发展的政策建议。具体而言：

第一章从京津冀基础教育协同发展的政策、区域背景、必要性和重大意义的角度对京津冀基础教育协同发展的背景进行了概述。笔者认为由于京津冀地区在区域功能、经济发展水平以及人口规模和受教育水平等方面存在重大差别，因此京津冀基础教育的协同发展有利于优质教育的均衡发展，有利于区域内教育事业的有效治理，有利于促进京津冀地区流动人口的合理流动以及社会治安的稳定，具有十分重大而深远的影响。

第二章描述了京津冀基础教育协同发展的推进现状以及存在的问题。首先介绍了京津冀基础教育协同发展的主要成果，包括津冀工作人员子女保留北京学籍、北京市优质教育资源辐射廊坊北三县并打造学校联盟、对口帮扶河北 21 个贫困县，以及北京名校河北建分校等。其次分析了京津冀基础教育协同发展存在的问题。主要是由于三地经济发展水平不均衡导致的教育资源与教育经费投入差别较大。由此导致稀缺的优质教育资源形成保护性壁垒，缺乏基础教育信息资源的整合与强有力的协同发展机构。

第三章从学校数量、学生数量、教师资源和教育经费投入四个方面对比了京津冀三地的差异。北京率先全面实施首都教育发展战略，用于教育领域的投入持续增加，市内各学校的办学条件显著改善，教育普及程度大幅度提高。天津基础教育得到优质协调发展，义务教育在全市范围内更加均衡普惠。河北近几年教育事业也取得了显著成就：在全省范围内实施免费义务教育，教育的均衡发展取得明显成效。但与北京、天津相比，河北现阶段的教育事业还不能完全适应经济社会发展和人民群众接受良好教育需求的提高。主要体现在各学校的素质教育推进缓慢；教育投入不足；教育体制不够完善；优质的教育资源相对短缺，城乡、区域教育发展存在不平衡现象。

第四章分析了京津冀三地的基础教育机会。本章以小学净入学率、小学升学率、初中升学率和高中升学率以及小学保留率、初中保留率和高中保留率界定基础教育机会。数据显示，河北小学净入学率水平较低，而北京小学、初中升学率受到流动人口影响，较天津、河北更低。在各教育阶段保留率方面，河北表现较差。这一方面体现了河北在教育机会方面与京津相比的弱势地位，另一方面也体现出有限的优质教育资源与教育机会均等之间的博弈。

第五章从教育财力资源和物力资源投入两个方面讨论了京津冀三地基础教育投入水平的差异。综合小学和初中两个阶段京津冀三地的教育经费支出状况，我们可以得出结论：北京基础教育阶段的财力资源投入为三地中最好，具有教育经费总支出水平高、教育经费公用部分占比大、生均教育经费支出水平高、生均教育经费支出增长速度快的特点；天津稍弱，由于学生数的差距，天津的教育经费总支出水平远远低于北京、河北，教育经费中公用部分占比小，生均教育经费支出处于北京、河北两地的中间水平，与北京还有较大差距，但增长稳定；河北在三地的教育经费支出比较中处于最劣势地位，虽然教育经费总支出水平高，但学生基数大，生均教育经费支出远远低于京津，近年来生均教育经费增长速度缓慢，同时还存在教育经费公用部分占比较低的问题。京津冀三地初中阶段的物力投入标准化之后，发现天津在物力投入方面最为均衡，河北的生均设备值和生均教室面积较为落后，北京则在生均图书数量和生均学校面积方面较为欠缺。

第六章用流动人口监测数据分析了京津冀流动人口子女受教育状况。研究发现，北京市流动人口子女随迁的比例低于天津、河北；随着子女受教育阶段的升高，三地随迁的比例均呈下降趋势，同时北京与津冀两地的差距也随之增大。对父母学历进行分组后考察子女随迁比例的结果显示，低学历阶层的父母中，迁移至河北的流动人口令子女随迁的比例最高，但在高学历阶层的父母中比较三地子女随迁比例时发现了相反的结果，迁移至北京的流动人口令子女随迁的比例最高。与津冀两地相比，北京市流动人口子女进入公立学校就学的概率更低，进入私立学校就读的概率则较高。分子女受教育阶段来看，小学阶段三地就学类型对比仍呈现出类似的趋势，但在初中和高中阶段不再显著。

第七章从教育机会指数、教育投入指数和教育公平指数三个方面构建了京津冀基础教育发展指数，并通过德尔菲法进行赋权。总的来看，2010～2014 年，北京、天津的基础教育发展水平都获得了不同程度的进步。然而，不容忽视的是，河北的基础教育水平仍然很薄弱。与京津两地相比，河北教育发展指数的增幅主要体现在教育机会水平的提高，但是在教育投入和教育公平方面体现得还很不够，河北的基础教育发展还有很大的成长空间。

第八章研究了北京收紧教育政策后，流动人口子女的上学情况。2014 年户籍改革严格控制特大城市人口规模使得北京、上海等地区不断提高流动人口子女的入学门槛，试图以教控人。本章选择了城市规模、人口背景相似的上海、北京两地区，通过 DID 模型和 PSM－DID 模型考察了教育政策对流动人口子女随迁、留守的影响，结果表明：大城市对流动儿童较高的入学门槛显著阻碍了流动人口子女随迁，迫使其留在户籍原地成为留守儿童或去附近的河北省上学成为“候鸟”；收紧的教育政策显著增加了流动人口子女单独留守的概率，以教控人未必有效；政策有明显的技能偏向性。人力资本水平较低的家庭受教育政策的影响程度更大，这在一定程度上加剧了人力资本的代际传递；有两个及以上孩子的家庭中，父母存在性别偏好，更可能让小学阶段的男孩随迁，女孩留守。

第九章分析了京津冀地区教育代际持续性的变化趋势。教育作为人力资本投资的重要途径，其代际流动性在很大程度上会影响收入、职业的代际流动，进而影响社会公平。近年来进入顶尖高校的学生越来越少，教育的代际传递问题引起了广泛关注。本章利用 2000 年全国普查数据和 2005 年全国 1% 人口抽样调查数据，采用回归系数法和转换矩阵法分析了京津冀地区教育代际持续性的变化趋势。研究发现：整体来看，父亲—子代的教育代际持续性高于母亲—子代的教育代际持续性。非农业户口子女的教育代际传递性高于农业户口的教育代际传递性；父母—女儿的教育代际持续性大于父母—儿子的教育代际持续性；从变化趋势上看，1955～1985 年出生的子女，教育代际持续性随出生年份大致呈现倒“U”形的变化关系。分地区比较发现，北京和天津两个地区教育代际传递的持续性基本相同，均高于河北的教育代际持续性。

第十章通过对前面几章内容的总结和归纳，提出了京津冀基础教育协同发展的政策建议。实现京津冀基础教育协同发展需要构建强有力的协同发展机制，探索构建京津冀财政转移支付的新方式，调整基础教育布局，落实和开展基础教育人力资源的调配并调动社会力量，做好专业人员的服务工作。

本书可以为北京市、天津市和河北省政府制定京津冀基础教育协同发展的相关政策提供数据和理论支持，也可为我国其他地区的基础教育区域一体化发展提供参考。同时，在学术研究领域也弥补了此类研究的空缺，为其他学者提供了一些背景资料。

作者感谢北京市优秀人才培养——青年拔尖人才项目的支持，感谢北京师范大学经济与工商管理学院各位同事和研究生对本书的支持，特别是杨钰、李凌霄、赵心慧和宁静馨同学对本书部分章节做出了较大贡献。

第一章

京津冀基础教育协同发展的背景分析

一、京津冀基础教育协同发展的政策背景

2015 年 4 月 30 日，中共中央政治局会议审议通过《京津冀协同发展规划纲要》。这标志着，京津冀协同发展正式成为国家重大战略，并开始步入实施阶段。京津冀地区是我国重要的政治文化中心，也是我国北方重要的经济中心，京津冀协同发展战略的提出，对于打造我国新的经济增长极，促进国家综合国力迈上新台阶具有深远的战略意义。京津冀协同发展战略的出台将京津冀三地的协同发展推向新的历史阶段。在当前新形势下，完善京津冀基础教育结构和发展模式，构建高效畅通的教育协同机制，超越过往以省市行政区划为基本单位的分立的公共教育体制，缩小区域间教育发展水平的差距，最终达成京津冀基础教育协同发展的根本目标，将成为京津冀协同发展国家战略中的一项重要内容。

2017 年 2 月 7 日，京津冀三地教育主管部门在河北廊坊召开京津冀教育协同发展工作推进会，以基础教育、职业教育、高等教育、教师干部交流及数字学校资源共享等为着力点，明确了“十三五”期间三地教育部门的“任务单”，共同发布了《“十三五”时期京津冀教育协同发展专项工作计划》和京津冀教育对口帮扶项目，其中即有北京城市副中心与津冀毗邻地区教育统筹发展项目。

而现在这个基础教育协同发展的初级阶段存在着一系列问题，教育协同发展的功能定位尚不明确，各地间教育资源要素尚不能自由流动，影响区域教育协同发展的因素错综复杂。各区域分工体系尚未形成，一系列领域内的协作也尚未成熟。所以，在推进国家治理体系和治理能力现代化决策的部署下，系统梳理教育内部及教育以外的各种影响因素，科学谋划区域教育发展的路径与方向，提升区域教育的协作能力，是推动京津冀一体化发展、提升区域总体竞争力的战略需要。

二、京津冀基础教育协同发展的必要性

1. 京津冀地区已具备了开展基础教育协同发展的必要条件

（1）良好的基础教育协同发展环境。在近几年内，京津冀一体化的发展策略已经部分地实施。针对三地协同发展所采取的一些探索和实践虽然在短时间内没能取得令人满意的效果，但也积累了丰富的经验和教训。时至今日，国家又在新的发展基础上，综合考量各方面因素，重新提出了京津冀协同发展这一政策，并将其上升到国家战略的高度。习近平总书记专门主持召开座谈会，专题听取京津冀协同发展工作汇报，并做出了一系列指示，提出了详细的顶层设计。京津冀各地在国家统一规划的大框架下，也进一步明确了各自的功能定位、重点任务、主要责任和战略举措。可以说，当前京津冀协同发展这一国家战略正焕发出前所未有的蓬勃活力，可谓万物逢春始“新发”。

基础教育作为京津冀地区长期存在发展差异的重要环节，政府必将会把京津冀基础教育协同发展的问题摆在重要的位置并提上日程，并为其提供相应的政策支持和良好的发展环境。另外，党的十八届三中全会通过的《中共中央关于全面深化改革若干重大问题的决定》，对全面深化改革做出重大部署，明确了教育改革的攻坚方向和重点举措，对于促进教育事业科学发展、努力办好人民满意的教育具有重要指导意义。所有这些都为京津冀基础教育协同发展提供了坚强的政策保障，构建了良好的发展环境。

（2）深厚的基础教育发展潜力。河北的各层次教育资源相对京津均处于匮乏状态，但是就全国来看，河北教育有着扎实的发展基础。河北环卫京津，其基础教育层次的发展具有巨大的发展潜力等待发掘。我国政府公共服务的第一份综合研究报告《中国公共服务发展报告 2006》曾明确指出，在基础教育改善幅度方面，北京改善幅度最大，其次为河北，证明了京津冀特别是河北的基础教育发展水平具有一定的实力和优势。

诚然，京津冀基础教育资源分布不均衡的问题客观存在，但是三者间的互补性却比较强。河北是人口大省，作为劳动力资源极其丰富的省份，对于优势劳动力提供的潜力也是巨大的。由于北京和天津经济发展程度较好，公共资源也较为丰富，许多劳动力选择在京津两市发展，河北的基础教育发展和提升也对于北京和天津两地的经济发展有所裨益。北京、天津与河北的有利优势形成互补，促成教育资源整合，将有力推动京津冀教育的一体化进程。河北可以争取相关政策，建立合作机制，充分分享京津优质教育资源。

（3）广阔的基础教育协同发展空间。近年来，我国在基础教育方面实现了诸多突破，其成就可谓硕果累累。但就京津冀本地区而言，其基础教育阶段仍存在着广阔的发展空间。2015 年是我国各方面深入改革的一年，基础教育作为社会民生热点问题，获得了广大民众的密切关注，这也从侧面证明了京津冀地区基础教育的协同发展仍有诸多发展的空间。为了解决人民密切关注的基础教育问题，各级政府也切实制定了相应政策，为协同发展提供了良好的条件。

2. 是解决京津冀地区基础教育公共服务资源分布和发展不均衡的重要途径

（1）基础教育资源分配不均已成为阻碍教育发展的一大障碍。尽管京津冀一体化战略的提出已有一定时日，但该地区一直存在着各方面的发展差距，特别是京津两市和河北之间的差距格外突出。在公共服务领域特别是基础教育方面，京津地区长期处于全国领先水平，而河北则徘徊在全国倒数的位置，差距之大不得不引人深思。基础教育的发展差异最主要的表现方式即为三地的资源分布问题，而恰是这个表现最突出的问题最直接的阻碍着协同发展的道路。

（2）只有政府牵头提出的一体化协同发展战略才有实施的前景。基础教育的协同发展，最直接面对的问题是资源分布和发展的不均衡。在协同发展的过程中，政府作为主力军，可以直接针对当地基础教育发展过程中存在的种种资源不均问题进行行政上和财政上的调整。相对于社会力量和机构而言，由政府出面提出的“一体化协同发展”战略执行力度明显要更强。教育资源的长期分布和发展的不均衡，严重制约着京津冀地区的基础教育发展，甚至威胁着社会经济发展的稳定，阻碍着区域经济的进一步发展。京津冀地区基础教育的协同发展是解决该地区长期的基础教育资源的重要途径，只有大力推进该地区基础教育的协同发展，才能从根本上解决教育资源分布和发展不平衡的问题，进而维护当地的社会稳定。

3. 是适应京津冀城市圈经济一体化发展的必然结果

京津冀是我国三大城市群之一，具有自身独特的区域特点。北京和天津作为直辖市具有强大的吸引作用，而这种强势的吸引作用势必会降低对河北的辐射作用，进而带来京津两市与河北之间的经济发展有着巨大的经济发展差距。当前我国经济发展强调区域性范围内的政府合作与竞争，随着区域性经济发展规模的扩大化，不同地区之间的基础公共服务呈现出了严重的不均衡现象。基础教育作为公共服务中的重要组成部分，同时也是教育系统中起到奠基作用的一环，对于京津冀地区经济一体化有着重要的意义。

（1）基础教育是京津冀“人力资源一体化市场”建设的必经之路。目前而言，北京、天津拥有优质的基础教育资源和高质量的基础教育条件，接受基础教育的适龄儿童面对的升学压力也相对较小。大量河北学子为追求更高质量的高等教育而向北京和天津流动，学成后有相当部分的学子会选择留在京津两市，而选择最终回归故乡即河北发展的学子则比例甚微。排除京津两市具有更多工作和发展机遇的因素，不难发现京津地区发达的基础教育条件成为吸引学成学子想方设法为自己的下一代驻留并融入的一大重要因素。连续数年如此之后，这种现象形成了一个恶性循环：各方面相对落后的河北将不断失去优质人才，进而带来进一步的落后。这种现象在京津冀地区表现的格外明显。

人才和劳动力的均衡分布对于经济协同发展具有重要的意义，而基础教育的协同均衡发展对于人才和劳动力均涌向大城市的恶性循环的局势则有着毋庸置疑的缓解作用。“人力资源一体化市场”的建立是京津冀经济协同发展的智力支撑，而人才市场的建立离不开教育基础的夯实，特别是基础教育的根基作用。只有基础教育和高等教育在发展过程中相互配合，才可以充分发挥人才和劳动力在经济发展中的作用。在京津冀一体化区域内对基础教育资源进行科学、合理的整合，使教育资源在整体上发挥应有的合力，基础教育就能更好地为京津冀区域内的经济发展发挥推动和促进作用。

（2）基础教育为京津冀经济一体化提供智力支撑。基础教育的长足发展直接影响着社会稳定。作为教育步骤中最初的一环，基础教育意义非凡。它为后续的高层次教育提供的是最基本的智力支持，同时还可以提高社会的整体平均素质水平。在京津冀地区经济一体化的过程中，基础教育的意义在于其为提高未来劳动者的潜在劳动力奠定了坚实基础，同时培养着未来公民的基本道德意识和观念。这对于京津冀地区的经济发展实施主体有着不可忽视的重要作用。教育与经济本是相互渗透的，基础教育的发展更是要顺应经济发展的潮流，同时还应从意识形态方面发挥推动社会稳定的作用。

京津冀地区是我国人口密集分布的几大区域之一，作为人口大省，河北为京津冀地区的经济发展源源不断地提供着劳动力。只有在京津冀地区真正实现京津两市对于河北的基础教育辐射作用，才有望实现京津冀地区的整体平均劳动力质量的提高，进而直接推动着经济一体化的进程。

三、京津冀基础教育协同发展的重大意义

1. 有利于促进京津冀三地教育优质均衡发展

在当前格局下，要落实和推进京津冀协同发展国家战略，最根本的就是要以促进京津冀三地教育优质均衡发展为目标，在教育经费与资源配置均衡的基础上，实现教师、学生与学校发展等多层次的高位教育均衡。针对基础教育方面而言，京津冀基础教育协同发展有利于京津冀教育质量、教育均衡与教育创新的三向提升。

教育质量提升意味着区域内教育体系更加完善，高质量的教育资源更加丰富，现代教育观念深入人心，素质教育进一步落实，人才培养质量、知识创新水平、社会服务和文化引领能力都得到显著提高；教育均衡提升意味着区域内人人享有平等的受教育权利，公共教育机会更加充分，京津冀不同地区之间多种教育资源灵活共享。全面普及学前教育，义务教育优质均衡发展，城乡基础教育一体化发展格局形成，家庭经济困难群体资助制度更加完善；教育创新提升意味着人才培养制度和招生考试评价制度改革取得突破，教育质量保障体系更加健全，教育体制机制充满活力、富有效率，学校和师生更具有发展活力，创新人才培养取得突破。

2. 有利于实现区域内教育事业的有效治理

当前，在以省市级行政区划为基本单位的公共教育体制下，如何突破

传统的行政区划间“各自为政”的教育运作方式，实现区域内教育事业的有效治理，成为京津冀区域教育优质均衡发展的关键“战略”问题。京津冀地区的基础教育协同发展有利于梳理京津冀基础教育协同发展中各方的特点、优势、需求及可能存在的功能重叠和冲突之处，厘清中央和区域各层面、各类部门在京津冀区域基础教育协同发展中的责任与协同合作方式。同时可以协同构建一个权属明确、责任清晰、合作高效并且集合了政府、学校、社会机构和公民共同参与的京津冀区域基础教育治理机制，并以此为着眼点和关键展开区域教育发展的协同合作。

基础教育作为基本公共服务的重要环节，直接关系到居民切身利益和社会公平正义的热点话题。其作为整体教育系统中不可或缺的内容，对于京津冀整体教育事业发展具有重大意义。推进基础教育的发展，确保每一个公民平等享受基本公共服务是我国在经济社会关键的转型期内加快经济社会从不平衡发展向统筹兼顾、协调发展转变的基础性的保障措施。基础教育是公民应当享有的最基本的公共服务，而现实中区域内不同地区间的基础教育发展不均衡的问题较为突出。京津冀基础教育协同化发展从宏观上可以落实京津冀协同发展国家战略，微观上协同化发展在体现三地的教育优势和特色的基础上，可以做到优势互补、互相合作、互利共赢，合力推进京津冀区域基础教育发展，打造区域教育发展的样板，实现京津冀教育一体化发展。

3. 有利于促使京津冀地区流动人口的合理流动

在三地协同发展中，教育的作用是适应、支撑和引领。京津冀协同发展不可避免地要伴随着人口的迁移，因而基础教育协同发展对于京津冀发展的意义在于，基础教育特别是优质的基础教育资源配置在协同发展的要求之下逐渐使京津冀当地的人口迁移向优质、均衡的方向进行发展。

文化教育事业和政策是影响人口移动的重要因素。为了寻求更高质量的基础教育，京津冀之间人口迁移已成为长期潮流。适度的人口迁移有利于推动各地劳动力的更新与充实，推动劳动力市场的进一步发展，为各行各业的发展带来新鲜活力。由于京津冀地区发展形势悬殊的各等级教育，在本地区的人口迁移中受到教育的影响是极大的。而基础教育作为适龄儿童接受教育的开端，受到广大人民群众的广泛重视，而以接受京津地区高度发达的基础教育作为动力和目标的人口迁移数量也不断增长。同时，河北的优秀学子也会考虑到后代接受教育的便利性和优质性而选择留在京津两市发展。这两种人口的迁移，长此以往会带来极严重的恶性循环，使优势人才和优质劳动力大量涌向京津两市，从而进一步拉大了京津与河北的发展差距，使基础教育之间的断层更大，离预期的协同发展目标越来越远。

京津冀地区的基础教育协同发展可以从一定程度上降低人口无序迁徙带来的消极影响，通过以均衡、协同发展的基础教育项目吸引人口平衡、稳定的转移。这为河北省的经济发展带来的好处是毫无疑问的，同时还可以降低京津地区过度的人口压力和资源紧张问题。通过一系列优质基础教育相关政策的吸引，还可以从另一方面倡导居民良性迁移，同时进一步平衡三地间的人口差距，这不仅有利于人口的迁移有序，而且对于当地的经济发展和自然环境有所裨益。

4. 有利于维护京津冀三地的社会治安稳定

教育之于人的作用包括提高居民的普遍素质，而教育落后的地区往往伴随着剧烈的冲突、动荡的社会与不安的局势。有调查发现，我国贫困地区小学和初中的辍学率水平还很高，属基础教育范畴。① 尽管我国当前已经实现了九年义务教育的普及，但基础教育普及仍存在着一系列的问题。在基础教育无法实现完全保障的前提下，接受更高层次的教育更是无稽之谈。巨大的教育差距带来的是意识和思想上的落差和断层，市场劳动力也存在着两极发展的现象，这对于当地的经济发展和劳动力市场都存在着隐性威胁。京津冀地区虽然在地理上接壤，但在各等级的教育上均存在巨大差距，而这无疑不利于维护社会的稳定。

基础教育对于人的素质培养是最基础的，普及发展也是提高人口平均素质的最佳途径之一。在基础教育的开展过程中，德育的比例要远高于自然科学的传授，而参加基础教育的儿童多在 4 ~ 16 岁，是人类生长过程中的基础思想塑造阶段。在这个阶段，公民意识逐渐形成，基础教育的重大任务之一即为适龄儿童提供正确且基础的根基型人生观、价值观和世界观。在当前我国义务教育已经实现基本普及的大背景下，基础教育作为义务教育的扩展和发扬，更值得被全新重视。在历史阶段中，我国经济发展

---

① Lu, Meichen, Manlin Cui, Yaojiang Shi, Chang Fang, Di Mo, Scott Rozelle, Natalie Johnson (2016), "Who Drops Out From Primary Schools in China? Evidence From Minority Concentrated Rural Areas", *Asia Polific Education Review*, Vol. 17, No. 2, 235 -252.

实现的是“先富带后富”的阶梯式发展格局，但在教育环节特别是基础教育的发展环节中，我国坚持的是普及原则，人人都有接受教育的义务。尽管当前京津冀地区存在着基础教育发展的断层现象，但不可否认的是其一体化战略以及附属的基础教育一体化协同发展的战略将会在一定程度上带来人口素质的均匀提高，也意味着社会秩序受到进一步保护，有利于社会治安的稳定。

四、京津冀基础教育协同发展的区域发展背景分析

京津冀地区不同于其他同级别的城市发展圈，长三角和珠三角发展圈的城市基本是处于行政和经济地位相对平等的状态。而京津冀地区中包括了两个直辖市和一个省，从行政地位来看，京津两市与河北省存在着较大的区别，且所获得的政策条件和财政支持不尽相同。另外，在经济发展方面，京津两市也是长期领先于河北的。除京津冀地区内部存在着巨大的教育资源分布和发展不均衡的问题外，该行政区在很多方面都存在巨大的实际条件差异，对于基础教育协同发展存在着阻碍作用。

1. 京津冀区域功能差异

《京津冀协同发展规划纲要》（以下简称《规划纲要》）明确了京津冀地区的总体定位为“以首都为核心的世界级城市群、区域整体协同发展改革引领区、全国创新驱动经济增长新引擎、生态修复环境改善示范区”。《规划纲要》中确定了三省市的具体功能定位：北京为全国政治中心、文化中心、国际交往中心和科技创新中心；天津为全国先进制造研发基地、北方国际航运核心区、金融创新运营示范区和改革先行示范区；河北为全国现代商贸物流重要基地、产业转型升级试验区、新型城镇化与城乡统筹示范区和京津冀生态环境支撑区。

首先，功能化不同必然面临着人才的分配问题，高端行业的创新型人才和制造业的工作人员所在的群体，他们的教育经历和教育背景将影响其后代适龄儿童的整体水平。京津地区长期作为首都经济圈的智力和技术支持相对较多的地区，其人才汇聚能力要比河北有多重优势。人才分配在已

经存在着差距的前提之下，相对优质的人才对于后代所受到的基础教育要求又会增加，进而从需求方面间接推动着当地基础教育的发展水平。

其次，功能化不同会影响地域文化发展、经济方向、学校培养目标和人员结构等方方面面的问题。当下，发改委已初步将京津冀区域划分为四大功能分区，即西、北部生态保护和生态产业发展区（覆盖承德、张家口）、中部优化调整区（覆盖北京、天津、廊坊、唐山）、南部制造业与耕作业区（覆盖石家庄、保定、沧州）和东部滨海临港产业发展区（覆盖秦皇岛、唐山、天津、沧州）。在四大功能分区的基础上，京津冀的总体布局也已具雏形，即“两核三轴一带三重点”，“三轴”指京津塘主轴、京—保—石拓展轴、京—唐—秦拓展轴，“一带”指沿海经济带，三个重点开发地区包括中关村、天津滨海新区、曹妃甸工业区。相对而言对于科技含量要求比较高的发展区域对于教育的要求水平则会要求更高，这也直接导致了从基础教育为起点的各级教育目标和先天优势区别。在以上已经确定的总体布局上，发展的方向势必会影响整体的教育背景的差异和教育方向的不同。

2. 京津冀区域经济发展水平差异

京津地区的经济发展状况整体优于河北。

自 20 世纪 80 年代开始，北京经济增长开始逐渐稳定，10 年间国内生产总值平均增长 9%。进入 90 年代后，北京开始步入快速增长轨道，产业结构调整和升级取得了明显进展。北京的首都区位优势对经济发展具有重要作用，同时，北京也是中国最大的科技和智力密集区——高等院校和科研机构集中，科技人才荟萃。北京地区无论是高级人才的培养，科技力量、科研水平和成果数量，还是科技投入产出能力，技术辐射和扩散能力，科技产业化均居全国领先地位。科技和智力优势成为北京经济发展潜在的最大比较优势。北京还具有资金市场等优势。全国性的各银行总部绝大部分都设在北京，国外有在华业务的银行在北京都设有办事处，这使北京成为全国最大的存差地区，资金相对充裕。此外，北京人口众多，消费规模大，消费水平和档次高，有着巨大的消费市场优势。

天津地理位置优越，自然资源丰富，是华北、西北等地区的重要出海口，这是天津经济发展的先天有利的条件。天津有石油、原盐、煤、天然气、地热等矿产和海洋资产 30 多种；滨海新区有 120 平方公里的滩涂、荒地可供开发使用；天津工业有 150 多个门类，基础比较雄厚，技术装备先进，综合配套能力很强。但是其经济发展中存在一定的问题，主要是经济总体素质仍然不高，效益不理想，经济增长方式比较粗放，城乡居民收入水平低于北京。

河北是我国重要的农业大省，是全国重要的产粮区。内环京津、外环渤海的经济地理特征是河北经济发展的独特区位优势，为河北不断扩大对外开放创造了极为有利的条件。近年来河北经济增长速度较快，在全国占优势地位，但较京津地区仍有较大差距。

为了更直观地了解京津冀三地的经济发展状况及差异，可以参考地区生产总值数据。国内生产总值指一个国家（或地区）所有常驻单位在一定时期内生产活动的最终成果，是衡量一国（或地区）的整体经济水平最重要的指标。通过对京津冀的 GDP 比较分析，可发现区域间的经济差距（见表 1-1 和图 1-1）。

表 1-1　京津冀地区生产总值与人均地区生产总值

地区	地区生产总值（亿元）					人均地区生产总值（元）				
	2010 年	2011 年	2012 年	2013 年	2014 年	2010 年	2011 年	2012 年	2013 年	2014 年
北京	14113.58	16251.93	17879.4	19800.81	21330.83	73856	81685	87475	94648	99995
天津	9224.46	11307.28	12893.88	14442.01	15726.93	72994	85213	93173	100105	105213
河北	20395.26	24515.76	26575.01	28442.95	29421.15	28686	33969	36584	38909	39984

资料来源：《中国统计年鉴》（2011～2015 年）。

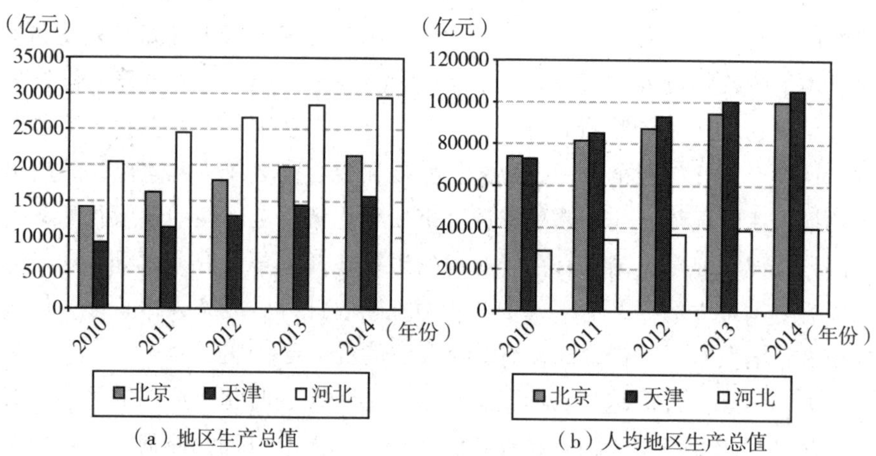

（a）地区生产总值　　（b）人均地区生产总值

图 1-1　京津冀地区生产总值与人均地区生产总值

资料来源：《中国统计年鉴》（2011～2015 年）。

从京津冀近五年的地区生产总值数据来看，三地在全国各省、市、自治区的经济发展中处于较前地位。在京津冀三地中，河北经济总量最大，为 29421. 15 亿元；北京次之，为 21330. 83 亿元；天津最少，为 15726. 93 亿元。河北经济总量占到京津冀地区经济总量的 44%，北京占比为 32%，天津为 24%。

但人均地区生产总值方面，北京、天津与河北各市之间存在很大的经济梯度差异。北京、天津人均 GDP 分别为 9. 9 万元、10. 5 万元，而河北仅为 3. 9 万元，不足京津的 1/2。北京与天津的经济增长势头强劲，两地人均 GDP 增长基本保持平行，经济增长速度相差不是很大，相比之下，河北地区的经济增速较缓。北京、天津与河北的经济存在过大落差，北京、天津的产业发展较快，产业定位高，而河北产业定位较低。这种过大的地区差异使得京津两地成为经济“飞地”，与周边地区的经济发展没有形成很好的对接，河北省经济增长缓慢，影响了京津冀地区的整体经济增长。而且环京津地区存在较大规模的贫困带，环京津贫困县的人均收入、人均 GDP 有的仅为京津郊区县的 1/3 甚至 1/10。总的来说，京津冀地区的经济发展的差异已经很突出，这使得三地的企业、产业在人才利用、技术、金融等各个方面的发展状态也存在较大差异，产业对接存在断带，这种状况会加剧不平衡的恶性循环。

经济实力无疑是教育条件的一大支柱，经济基础的雄厚与教育经费的投入往往成正比。北京、天津相对于河北而言，具有多年的经济发展的积淀且拥有作为直辖市的雄厚经济基础，经济水平相对于河北而言优势明显。从京津冀三地的财政状况来看，2012 年三地人均公共财政预算收入分别为 16022 元、12456 元、2860 元，其中北京、天津人均公共财政预算收入分别是河北的 5. 6 倍、4. 4 倍。公共财政预算中教育所占的比例一般是固定的，预算和支出的差别则会直接导致教育支出经费的差距，进而带来教育本身的发展不均衡。基础教育环节中对于教育投资和硬件设施的需求度相对较高，因而河北教育支出的实际数量对于基础教育的发展有相当大的缺口。

京津冀既是城市群，也是“大经济板块”。北京是首都，是科技文化中心；天津是北方经济中心，根据西欧各国在区域经济发展中总结和提出的许多有价值的区域开发理论，其中比较著名的有“增长极理论”和“增长区理论”。增长级的扩散作用会对周围区域的发展产生积极的影响。通过产品、资本、技术、人才和信息等的流动，对周边区域的发展发挥了促进和带动作用，使之拥有更多的就业机会，并增加了周边地区的农业产出（因为增长极主要是城镇，其周边主要是农村），提高了边际劳动生产率和消费水平，推动了那里的技术进步。北京、天津作为经济圈增长的极点，河北省近邻京津，却在经济发展中似乎受益并不大，而且根据《河北省经济发展战略报告》河北省与京津在生产总值和人均工资方面的差距反倒有增大趋势。在整个区域经济中，京津有科研能力的优势、人才优势、金融优势、信息优势，而河北有土地资源优势、矿产资源优势、港口优势和低成本劳动力优势。京津冀之间应该是优势互补、产业相互对接、相互促进的关系。但在整个经济发展中，这种优势并没有充分显现，反而形成三省市间存在“板块碰撞”问题。

经济发展水平的差异无疑会导致教育经费的差异，从而影响学校的整体硬件设置的差异，这对学生的学习和发展有一定的影响。基础教育在京津冀之间发展极其不均衡的根本原因也在于此，经济基础薄弱导致的上层建筑及教育发展受到的影响是巨大的。在京津冀一体化不断深化的今天，没有经济基础的支撑，基础教育的协同发展是无法顺利实施的。基础教育协同发展的解决，从根本上也是京津冀经济一体化的大趋势潮流之下的产物。

3. 京津冀区域人口状况差异

2010～2014年的数据显示，京津冀都市圈人口总量呈现持续增长趋势，其中城镇人口比重逐年增加，京津地区的城镇人口比例远高于河北地区。京津地区人口密度大且人口来源相对复杂，河北人口来源可能会相对单一。人口流动性的差异会影响在校学生的流动性和本地生源的比率。在人口流动的过程中，除了京津冀以外的全国其他地区的人口会向当地流动外，河北的人口向京津两市流动趋势更是惊人（见表1－2）。

表1－2　京津冀人口状况

地区	年末人口数（万人）					年末城镇人口比重（%）				
	2010年	2011年	2012年	2013年	2014年	2010年	2011年	2012年	2013年	2014年
北京	1962	2019	2069	2115	2152	85.96	86.2	86.2	86.3	86.35
天津	1299	1355	1413	1472	1517	79.55	80.5	81.55	82.01	82.27
河北	7194	7241	7288	7333	7384	44.5	45.6	46.8	48.12	49.33

资料来源：《中国统计年鉴》（2011～2015年）。

研究表明，京津冀都市圈存在人口空间分布日益不均衡、区域人口分布存在明显的南北、东西差异的问题。尽管人口增加是主要特征，但人口集聚效应凸显，人口增加地区的县域单元比例在80%以上，以人口显著增加为主；相应的，人口减少只是零星分布，人口减少地区的县域单元比例占不到20%。除了人口增加的总趋势之外，人口流动比较频繁。以人口流入为主，主要流向地为北京、天津和河北的市辖区，人口流出地区仅是散落分布在张家口和承德的山区贫困县域。无论从静态人口指标还是动态人口分析方法，都表明京津冀都市圈人口地域集疏特征十分明显。在这种人口活动形式的基础上，京津冀地区已经形成了以北京、天津、石家庄为中心，其他地市（县域）人口分别向外依次扩展的人口多中心分布的圈层结构。

在人口流动环节之中，除了适龄儿童随着家庭而带来的人口移动之外，还存在着教师资源的流动。在当前已经形成的人口流动趋势以及京津冀基础教育相对发展差距较大的背景之下，不管是接受教育的学生，抑或是传播知识的教师，都愿意向教育质量和教育条件相对较高的京津地区发展。在这种潮流的影响下，导致生源和师资资源的相当不稳定。河北作为人口大省，其人口流动一直处于全国省市的领先位置，这对于京津冀地区的基础教育协同发展自然会产生相当的困难。

4. 京津冀区域受教育水平差异

城市文盲人口、文盲人口比例可以反映城市历史上基础教育的普及情况，而城市中各种受教育程度的人口比例也可以显示出该城市的整体受教育水平（见表1-3和表1-4）。

表1-3　京津冀三地文盲人口比较

地区	文盲人口（万人）			文盲率（%）		
	1990年	2000年	2010年	1990年	2000年	2010年
北京	94	59	33	8.7	4.23	1.7
天津	78	49	27	8.92	4.93	2.1
河北	929	448	188	15.21	6.65	2.61

资料来源：《中国统计年鉴》（1991年、2001年、2011年）。

表 1-4　　京津冀每十万人拥有的各种受教育程度人口比较

地区	小学			初中			高中和中专			大专及以上		
	1990 年	2000 年	2010 年	1990 年	2000 年	2010 年	1990 年	2000 年	2010 年	1990 年	2000 年	2010 年
全国	37057	35701	26779	23344	33961	38788	8039	11146	14032	1422	3611	8930
北京	22577	16956	9956	30551	34391	31396	18974	23151	21220	9301	16843	31499
天津	29635	25031	17049	29379	34590	38150	15908	20851	20654	4668	9007	17480
河北	36805	33760	24661	24689	39075	44400	7429	10717	12709	955	2698	7296

资料来源：《中国统计年鉴》（1991 年、2001 年、2011 年）。

从 1990 年至今，京津冀三地城市整体表现出文盲人口数量减少、文盲比例下降的趋势。2010 年第六次全国人口普查结果显示，北京文盲人口（15 岁及以上不识字的人）为 33.3 万人，文盲率为 1.7%。与 2000 年第五次全国人口普查相比，文盲人口减少 24.5 万人，文盲率下降 2.6 个百分点，是目前京津冀地区文盲率最低的城市。而现存文盲人口最多、文盲比例最大的河北，与 2000 年相比，文盲人口减少约 255 万人，文盲率由 6.64% 下降为 2.61%，下降 4.03 个百分点，是近年来三地文盲减少最快的地区，与京津两地的差距也在不断缩小。

在居民受教育程度方面，京津冀三地也展现出居民整体受教育水平提高的特点。同 2000 年第五次全国人口普查相比，北京 2010 年每 10 万人中具有大学程度的由 16839 人上升为 31499 人；具有高中程度的由 23165 人下降为 21220 人；具有初中程度的由 34380 人下降为 31396 人；具有小学程度的由 16963 人下降为 9956 人，除大学学历人数比例外，小初高学历的居民比率均有所下降。这一方面显示了在基础教育普及政策的效果下，大部分居民都能达到或超过初高中学历；另一方面也反映了知识经济时代对学历的要求更高，接受高等教育的人数和比例不断增加。与北京各阶段居民受教育水平的变化不同，河北 2010 年的数据同 2000 年第五次全国人口普查相比，每 10 万人中具有大学程度的由 2698 人上升为 7296 人；具有高中程度的由 10743 人上升为 12709 人；具有初中程度的由 39139 人上升为 44400 人；具有小学程度的由 33194 人下降为 24661 人，即小学学历人数下降，而初高中以及大学学历人数比例上升。与北京市相比，河北省的居民教育程度提升的空间更大，整体受教育水平较低。

随着知识经济时代的到来，我国政府提出了“科教兴国”战略，期望通过发展教育事业以促进我国的经济发展，可见教育对社会经济发展的重要性。而城市居民的受教育程度能很大程度地影响居民的经济收入，这已成为不可否认的事实。因此，通过提高三地中教育薄弱地区的整体受教育程度，可以对京津冀的经济等方面协同发展起到极大的助力作用。

京津冀基础教育协同发展的推进现状

京津冀地区教育领域的交流与合作由来已久，《京津冀协同发展规划纲要》颁布以来，京津冀三地加快推动一体化步伐，呈现出繁荣之势，在各阶段教育方面均已取得一定的成果。例如，开展中小学教师、技术技能人才对口支持培养；探索建立三省市职业教育学习成果互通互认机制；组建京津冀高校联盟，推动产学研全面合作等。本章主要讨论京津冀基础教育的一体化现状。

一、京津冀基础教育协同发展主要成果

自 2015 年以来，北京主城区的优势教育资源逐渐往郊区和津冀两地输出，通过合作办学、名校建立分校等形式疏解主城区的教育资源和人口，推进京津冀三地基础教育协同发展。

三地充分把握住将教育作为非首都功能疏解这一政策导线，开展了多种形式的合作，共同探索建立分校、合作办学等机制。例如，北京市西城区与河北省保定市、北京市海淀区与河北省张家口市政府间签署了教育合作协议；北京市大兴区、天津市北辰区与河北省廊坊市政府间联合成立了三区市教育联盟；北京市东城区教委与河北省邯郸市教育局、石家庄市桥西区；北京市门头沟区教委与河北省张家口市及涿鹿县教育部门；北京市房山区教委与河北省石家庄市裕华区、廊坊市固安县签署了教育合作协议，采取学校联盟、结对帮扶、开办分校等方式开展跨区域合作，整体提升学校管理水平。

此外，2017 年，京津冀三地联合在河北廊坊召开了教育协同发展工作推进会，以基础教育、职业教育、高等教育、教师干部交流和数字学校资源共享等为着力点，明确了“十三五”期间三地教育部门的“任务单”。在会上也发布了《“十三五”时期京津冀教育协同发展专项工作计划》，同时签署北京市通州区、天津市武清区、河北省廊坊市《关于开展教育协同发展的合作协议》，重点推进三地基础教育协同发展等。这一系列计划和协议的签署，也标志着顶层设计的初步建立，为今后基础教育一体化协同发展奠定了坚实的基础。

1. 津冀工作人员子女保留北京学籍

三年来，京津冀协同发展受制约的因素有三方面：一是利益博弈的复杂性；二是京津冀发展不均衡性；三是体制机制的桎梏。为此，天津市滨海新区的学校里将开设“北京班”，为具有北京户籍中小学生随迁在滨海新区就读提供便利，学生在北京保留学籍，在天津使用北京的教学大纲、北京的教材，聘请北京的优秀教师，包括一些退休的名师，通过政策创新实现北京学生在滨海新区同样可以获得良好的教育，可能有效解决发展的制约问题。

2. 北京教育资源将辐射北三县

京津冀三地教育主管部门共同发布的《“十三五”时期京津冀教育协同发展专项工作计划》和京津冀教育对口帮扶项目中，即有北京城市副中心与津冀毗邻地区教育统筹发展项目。此项目将合理规划区域教育发展，高品质配置北京城市副中心教育资源，支持北京教育资源在河北廊坊北三县创新机制建设优质学校。

北京城市副中心建设不仅是北京空间发展格局的调整，也是京津冀协同发展的重要组成部分。北京市已经加大市级教育资源统筹力度，发挥东城、西城、海淀等教育强区优势，支持通州区内部挖潜，大幅提升教育质量。目前，北京二中、人大附中、首师大附中、理工附中 4 所优质学校已进驻办学，采用与本校“一个法人、一体化办学”模式。

未来，通州将继续引进优质教育资源，还将有十多所优质的中小学、幼儿园陆续入驻。例如，西城区将在北京城市副中心办公区分别兴办 1 所幼儿园、1 所小学和 1 所中学，分别由北海幼儿园、黄城根小学和北京四中承办。根据计划出台的北京城市副中心教育发展规划，将通过多种方式，对通州教育进行整体提升，并且辐射到北三县地区，实现协同发展。同时，开展了“面向未来”为主题的校长、骨干教师和农村教师培训项目，加大了优秀教育教学人才引进。积极探索经费、编制、办学等方面的体制机制创新。

3. 对口帮扶河北 21 个贫困县

“十三五”期间的京津冀基础教育合作项目，也将鼓励采取教育集团、学校联盟、结对帮扶、委托管理、开办分校等方式，引导北京、天津优质中小学与河北中小学开展跨区域合作办学，整体提升学校管理水平。完善基础教育数字化优质资源共享机制，实现京津冀优质数字教育资源共建共享。2017 年，河北将以多层次、多形式交流合作为载体，积极推进京津冀教育协同发展。

期间，将重点在基础教育、职业教育教学管理以及师资队伍建设等相关领域对河北省张、承、保三市及 21 个贫困县进行对口帮扶。努力补齐河北省教育发展短板，形成区域统筹、资源共享、合作共赢的教育格局。为推动京津冀教育对口帮扶工作，在京津冀三地部分区县形成结对关系的基础上，“十三五”期间，将实施“一十百千万”工程，重点在基础教育、职业教育教学管理以及师资队伍建设等相关领域对口帮扶河北省张、承、保三市及 21 个贫困县。其中，“一”：建设一所高职院校，由天津市支援承德市建设天津中德应用技术大学承德分校；“十”：建立 21 个教师培训基地，免费培养张、承、保地区贫困县教师；“百”：建百余对合作学校；“千”：实施千人交流合作项目；“万”：免费提供万节优质课资源。

根据工作计划，2020 年前，京津冀三地将通过“手拉手”、建联盟校等形式组成 100 余对中小学校、幼儿园、职业学校，开展互访互学等校际合作交流活动，提升受帮扶地区学校教学管理水平。

同期还会实施千人交流合作项目。每年互派中小学校长、幼儿园园长、骨干教师、职业院校教师和管理人员 250 人，四年 1000 人，进行工作交流和在岗培训。根据受帮扶地区学校实际需求，由京津相关区县选派优秀青年教师到受帮扶地区学校支教送教。

此外，还会免费提供万节优质课资源，加快基础教育学校图书资源、电子信息资源等共享，为受帮扶地区教师和学生提供优质的教学与学习资源。在不同学段、不同学科，向 21 个贫困县免费提供不少于 10000 节优质课资源。

4. 北京名校河北建分校

北京市、区两级与津冀签署教育合作已经渐入佳境，以此为代表的多家北京名校布局环京地区。北京市景山学校、北京五中、八一学校、北京八中、史家胡同小学等在河北省唐山市曹妃甸协同发展示范区；廊坊市香河、大厂、永清、固安等县，保定市等地建设分校项目有序实施；北京景山学校曹妃甸分校等 3 所学校已经在 2016 年 9 月实现招生；北京市崇文小学与河北省雄县第一小学、北京三中与唐山二十七中等也开展了教育合作交流。

目前，最具代表性的北京景山学校香河分校在河北香河正式开始运行，学校距离北京 60 多公里，位于河北省廊坊市香河县，由香河县政府与北京景山学校合作承办。北京景山学校香河分校采取九年一贯制（五四分段），并设有三年制高中部。该校将与北京景山学校实现一体化办学，从学制、课程、教材到管理模式完全按照景山学校本校模式执行。北京景山学校香河分校占地 240 亩，包括小学部、初中部、高中部、国际部各教学楼以及专用教室、图书馆、艺术馆、演播中心、实验楼、国际体育馆等相关活动设施。该校制定了“一年起好步、两年好发展、三年见成效、五年成为廊坊乃至河北人民满意的优质教育的学校”发展目标。

与此同时，北京景山学校与首钢总公司签订了校企合作协议，北京景山学校曹妃甸分校为首钢总公司职工子女入学提供便利，首钢总公司在学校建设方面提供项目、资金支持。总之，北京景山学校分校是北京市教委等有关部门不断推进京津冀三地教育资源优化布局、提升区域教育整体水平的一个缩影。近年来，伴随《京津冀协同发展规划纲要》《京津冀协同发展教育专项规划》等政策相继落地，北京市、区两级与津冀签署教育合作协议 45 个，实施合作项目 30 多个。河北教育“洼地”正在京津带动下逐步崛起。与此同时，北京教育聚集人口趋势也将得到缓解，通过深化教育综合改革，实现教育薄弱区域办学质量大幅提升，优质学校入学机会大幅增加，以获取优质教育为目的向北京城市中心的人口流动得到缓解。

另外，天津市武清区积极引进了北大公学项目，成立北京师范大学基础教育实验学校；天津市东丽区先后与北京北大方正教育集团、北大附中签订合作协议，引进优质学前教育机构，建立北大附中东丽湖学校。

5. 河北中小学教师异地培训

北京优质教育资源走出去，并不是在天津、河北的学校挂上北京名校牌子那么简单，而是将北京学校的教育理念、集团化的管理方式深度移植，可以说是教育基因的更新。然而仅靠“输血式”办分校显然不行，更重要的是“造血式”地盘活薄弱地区的现有资源、提升基础教育水平。其中，师资力量的均衡是促进三地教育协同发展的决定性因素，教师、校长的交流也需要更为有力的支撑。在师资培训方面，各地也开展了不同类型的探索。

例如，京津冀实施了“河北省千名中小学骨干校长教师赴京挂职学习”项目。河北每年输送200人到北京的中小学校跟岗学习培训，连续开展五年。根据安排，校长们将参与挂职学校领导班子会议、进课堂听课、听取专题经验介绍、阅读相关材料等，深入学习教科研、校园文化、后勤服务等方面先进经验。教师编入挂职学校相应教研组，参与各项教研活动，与挂职学校名师建立师徒结对关系，通过听课、试讲等方式，学习先进教学理念等特色经验。河北省邯郸市十余名中小学校长通过到南开中学、天津一中等五所学校跟岗学习，大大提升了河北省教师教学管理水平。

此外，河北省阜平县纳入北京市“老校长下乡”活动覆盖范围。此活动是响应习近平总书记关于扶贫工作和关心下一代工作指示精神的重要举措；是助力京津冀贫困地区乡村教师队伍建设，缩小城乡师资水平差距，让乡村孩子接受公平、有质量的教育的有效途径。作为首批试点城市之一，北京走在了全国的前列。开展“老校长下乡”活动，就要发挥老校长在阅历、经验上的优势，将城市优质教育资源向农村辐射，向薄弱地区、薄弱校辐射，与农村中小学师生共同打一场教育扶贫攻坚战。一方面，老校长们将先进的教育理念和管理经验注入帮扶学校，积极为贫困地区学校建设管理出谋划策，为提高帮扶学校立德树人整体水平、为推动农村教育发展做出积极贡献；另一方面，被帮扶学校的领导班子与老校长们通力合作，为他们提供舒心的工作环境和周到的生活服务，将老校长的先进教育理念和管理经验与本校的实际情况相结合，不断提升学校办学和育人水平，为孩子们的健康成长创造良好的条件和环境。

与此同时，首都师范大学积极贯彻落实北京市委教育工委、市教委、市政府教育督导室的有关精神，充分利用自身教育资源优势，积极开展一系列教育共建项目，有序推进京津冀教育战略合作，成就斐然。通过主动融入京津冀协同发展，以服务区域经济社会发展为己任，在河北省平山县、阜平县先后开展骨干教师培训、一线教师置换研修、研究生实践基地建设、党性教育基地建设、中国共产党革命精神传承与红色文化研究等合作项目，卓有成效地推进了18项具体共建工作。这是落实京津冀教育协同发展战略的重要举措，意义十分重大。一方面，首都师范大学认真落实了合作协议内容，建立了合作共赢的长效机制，鼎力支持老区基础教育事业发展；另一方面，河北省教育厅全力支持首都师范大学与平山县、阜平县的教育合作，力争与首都师范大学开展更加具体的深入合作，进一步巩固和扩大区域合作共建成果，真正实现优势互补、互利共赢。并且北京市教委将一如既往地支持首师大与河北省平山县、阜平县的教育合作，积极完善教育协同发展工作机制，推进区域教育发展水平的整体提升，为三方深度合作进一步加强保障、提供支持。

6. 通州、武清、廊坊将打造学校联盟

截至2018年5月，北京已有6个区与津冀8个市、县开展了深度校际交流合作，具体形式有办分校、打造教育联盟、签署合作协议等。例如，北京市东城区教委与河北省邯郸市教育局、石家庄市桥西区，北京市门头沟区教委与河北省张家口市及涿鹿县教育部门，北京市房山区教委与河北省石家庄市裕华区、廊坊市固安县签署了教育合作协议，采取学校联盟、结对帮扶、开办分校等方式开展跨区域合作，整体提升学校管理水平。

其中，北京市通州区、天津市武清区、河北省廊坊市率先签署了《关于开展教育协同发展的合作协议》，特别提出北京城市副中心与津冀毗邻地区教育统筹发展项目：合理规划区域教育发展，高品质配置北京城市副中心教育资源，支持北京市教育资源在河北廊坊北三县创新机制建设优质学校。通州、武清、廊坊三区市主动融入京津冀教育协同发展工作体系，积极促进学校共建、资源共享、研训协同和师生交流，助推通州、武清、廊坊三区市在推进教育改革和发展方面研究、解决共性问题，相互学习借鉴、共同发展提高。

通州、武清、廊坊三区市将按照“合作共赢、协同发展”的方针，在学校共建、资源共享、研训协同、师生交流等方面开展教育合作，探索跨越行政区划的教育协同发展有效模式和路径。在合作领域方面，主要包括：(1) 建立10个基础教育协同发展共同体。在普通高中、初中和小学阶段，由通州、武清、廊坊三区市部分优质品牌同类校组建10个基础教育协同发展共同体，在学校管理、师资培养、课程建设、资源共享和学生活动等方面开展交流合作，发挥通州、武清、廊坊三区市优势和特色，建立合作共赢平台。每个协同发展共同体由通州、武清、廊坊三区市各一所学校组成，成员学校为3个。协同发展共同体实行轮值主席制度，由成员学校校长轮流担任轮值主席。(2) 建立中等职业学校联盟和幼儿园联盟。分别在通州、武清、廊坊三区市部分优质中等职业学校和幼儿园间建立校际联盟，每个联盟成员单位数4～10个，联盟学校在挂职锻炼、跟岗学习、教学观摩、教育科研等方面开展交流合作，联盟实行轮值主席制度，由成员学校（幼儿园）校长轮流担任轮值主席。(3) 联合培养校长教师。面向京津冀、面向未来，通州、武清、廊坊三区市教育行政部门共享干部教师培训资源，联合培养培训骨干校长（园长）和学科名师，共同打造教育家队伍。通州、武清、廊坊三区市教育行政部门合作组织开展校长及中层干部挂职锻炼、校长提高培训班、校长论坛、校长高级研修，以及教师、教研员联合培养培训。(4) 共享网络教育资源。由通州、武清、廊坊三区市教育信息化部门定期轮流开展信息化协同发展论坛。组织骨干教师把优秀媒体课件、教研文章、心得经验等放在网上共享区域；通过网络进行校际的教育教学案例交流；把教师的课堂实录发布在公共平台进行点评等。(5) 组织学生交流联谊活动。由通州、武清、廊坊三区市教育行政部门定期组织学生进行交流联谊活动，如体育比赛、学科知识竞赛、艺术活动、学生互访互学等，加强沟通，增进友谊。

在合作机制方面，主要包括以下四方面。(1) 建立通州、武清、廊坊三区市教育协同发展共同体行政首长联席会议制度。每年举行一次年会，听取教育协同发展年度工作报告，研究决定教育协同发展协议框架内重大合作事宜；每半年召开一次例会，听取三地工作进展情况报告，统筹协调推进区域教育合作。(2) 建立轮值主席制度。实行轮值主席制度，由通州、武清、廊坊三区市教育行政部门主要负责同志轮流担任轮值主席，每位轮值主席轮值期限原则上为一年。(3) 建立秘书处工作制度和秘书长协调机制。每年举行一次年会，听取教育协同发展年度工作报告，研究决定教育协同发展协议框架内重大合作事宜；每半年召开一次例会，听取三地工作进展情况报告，统筹协调推进区域教育合作。(4) 建立部门衔接落实制度各方责成有关主管科室加强相互间的协商与衔接落实，对具体合作项目及相关事宜提出工作措施，制订详细的合作协议、计划，落实本协议提出的合作事项。

二、京津冀基础教育协同发展的基本问题

当前，京津冀协同发展这一国家战略的提出，为三地教育的协同发展带来了新的发展契机，但是由于历史形成的原因和一些客观存在的因素，协同发展的道路仍然面临很多问题和挑战。

1. 河北省经济发展水平相对滞后

河北素有首都护城河和京津后花园之称。为了维护京津的发展和稳定大局，河北的经济社会发展不但没有搭上京津发展的便车，反而受到了巨大的制约。众所周知，教育事业的发展与社会经济发展相辅相成、相互影响、相互促进。一方面，经济发展水平是提升人口文化素质的物质前提，一个国家或地区只有经济发展，才有条件进行人力资本投资，扩大教育规模，提高全民文化素质，即经济越发达，教育发展越快，人口受教育程度也越高。另一方面，经济的发展也依靠科学和技术，人口文化素质越高，其生产潜力也越大，就越能促进经济发展。北京和天津凭借优质的科技文化教育资源优势，社会、民生、教育等进一步得到发展，河北则还在为解决基础民生问题而奔波，教育发展也受到一定制约。可以说，河北相对滞后的经济发展水平，已成为当前京津冀教育协同发展进程中所面临的最基础性的问题。

2. 京津冀人才资源分布不均衡

中国行政层级的级别决定了资源配置能力的高低。北京和天津在行政层面相对于河北有很大优势，特别是北京作为首都，更是有着无可比拟的政治优势。一直以来，京津两地对河北所产生的“虹吸效应”从未间断，

从而造成了河北无论在资源配置和行政协调方面都处于从属地位，致使本应在京津冀范围内均匀分布的人才、教育等资源，变为向京津聚集的不对称发展状态。北京、天津是教育资源富集区域，而河北实力则比较弱。在基础教育方面，一方面，河北还存在生均财政投入相对较少、义务教育均衡发展水平不高等问题。另一方面，河北中小学的优秀校长和骨干教师，流向京津等经济发达地区的现象也很严重。同时，京津高校资源也具有明显优势。北京作为全国高等教育的中心，高校总数200多所，这些高校加上研究院所拥有的博士点、基础研究和人才培养基地等的数量占全国的55%左右。天津拥有的普通高校中不乏南开大学、天津大学这类“985”“211”大学。反观河北，尽管普通高校数量很多，但办学质量、师资力量、科研水平和京津大学相差很大。另外，中国经济社会发展的城乡二元结构现状，也导致地区间在教育机会获得、教育资源占有以及教育质量等方面都存在着巨大的差距。例如，京津虽然教育资源丰富，但是其边缘贫困地区的优质教育资源仍然相对非常匮乏，外来务工子女的教育等问题仍客观存在。总之，京津冀三地教育资源分配不均，致使协同发展面临巨大的困难，重新布局三地教育资源非常必要。

3. 京津冀财政性教育经费投入悬殊

京津冀区域经济社会发展水平的较大差距，直接影响着当地公共财政性教育经费投入水平。根据《中国教育经费统计年鉴》数据，2014年，北京市普通小学生均公共财政预算事业费为23441.78元，是河北省的4.4倍；北京市普通初中生均公共财政预算事业费为36507.21元，是河北省的4.7倍；北京市普通高中生均公共财政预算事业费为40748.25元，是河北省的5.3倍。2015年北京市教育财政拨款2188243.2万元，2015年天津市教育财政拨款976124.2万元，而2016年河北省预算的教育财政拨款仅为2925.43万元。三地的教育投入差异，必然带来三地教育资源分布不均，优质教育资源稀缺。同时，以公立教育为主的单一供给模式，也无法满足多元化的教育需求。2015年，全国民办学校共计16.3万所，占全国学校总数的31.8%，但在校生数仅占17.6%。在所有民办学校中，学前教育、义务教育、高中阶段教育和高等教育分别占比为90%、6.6%、3.0%和0.4%。可见，民办学校主要集中在学前教育阶段。单一的公立教育供给模式，缺乏丰富多元的教育选择，很难满足不同群体的多元教育需求。

4. 基础教育信息整合尚未完全形成

经过前期的发展，京津冀三地在信息整合方面取得了长足的发展和进步，但是尚未形成能够统一联动、适时调配的网络信息环境。众所周知，在“互联网+教育”的当下，信息的互联互通对于促进基础教育的均衡发展具有重要的意义。缺乏对于各地教师资源的信息共享和动态监控，造成了优质教师的单向流动，师范毕业生就业也缺乏必要的引导，从而导致京津冀基础教育资源发展不均衡的情况无法得到根本改变。教育信息整合的现状反映出当前三地教育部门“各自为战”的尴尬境地。在初步解决了京津冀基础教育协同发展的内生动力和外部推力的情况下，促进基础教育协同发展向纵深发展仍需要打破行政区划的魄力。

5. 基础教育资源配置严重失衡

由于基本公共教育服务具有较强的本地属性，较难展开跨区域的深度互通合作，导致资源配置不均。主要体现在：一是师资配置差异大。从专任教师学历来看，2014 年北京市的普通小学、初中、高中本科学历占比为 84.0%、98.2%、99.5%；天津市占比为 66.9%、93.1%、98.7%；而河北省为 40.2%、79.6%、97.3%。可见，在义务教育阶段河北的师资与北京、天津都有较大差距。二是班级规模差异大。北京的小学、初中和高中阶段的班额基本均在 33 人左右；天津小学为 35 人、高中为 42 人；河北的小学为 37.7 人、初中为 51.8 人、高中为 56.88 人。均高于全国平均值，河北的初高中超大班额现象突出。班级规模直接影响着教学质量，小班化教学是基础教育发展的趋势，更有利于因材施教、发展个性特长，河北地区任重而道远。三是信息不畅导致的优质教育资源共享不足。在现代信息社会，通过“互联网+教育”，推动线上线下教育教学一体化，能高效便捷地实现优质教育资源共享，促进教育公平。但当今京津冀义务教育阶段建立校园网的学校，京津城乡已超过 90%，而河北仅为 30%~60%，严重阻碍了优质教育资源与服务的共享渠道与途径。

6. 优质资源稀缺易发保护性壁垒

当前，京津冀三地基础教育在资源配置、教师队伍等多方面存在着较大的差异。推进京津冀基础教育协同发展，需要克服观念、期望和体制等不利因素。有研究显示，京津地区的教育行业已经达到专业化程度，但是服务周边的能力不足。河北的现状是各阶段学校的师资力量不足，优势资源向京津地区单向流动。目前已形成的初步教育联盟、合作办学等形式往往带有区域排他性。诸如北京某中学在河北某地有且仅有一所分校，其他学校无法共享优质教育资源，无法实现教育资源公平的初衷，形成了新的保护性壁垒。

7. 教育协同管理的体系不够完善

基础教育不同于高等教育或职业教育，更多是由地方政府主导和管理，民间资本的引入和运用毕竟是有限的。北京、天津和河北三地教育行政管理部门虽然已经为协同发展制订了相应的规划，并在相关领域签署了合作文件，但毕竟三地教育协同发展还处于起步阶段。顶层设计得再好，也无法充分保障制度的真正落实，尤其是涉及具体的教育管理方面更是没有前车之鉴，只能逐步摸索前行。现阶段表现出的突出问题之一就是教育协同管理的体系不够完善，制约了三地基础教育的进一步合作和发展。三地各自为战，在自己管辖的范围内与其他两地进行共享，还没有打破原有的教育管理方式，更缺乏协同管理的相应制度和规则。尤其是在落实层面，由于没有相应的制度约束和考核评价目标，三地在形式上开展的合作和协同较多，在实质上开展的交流和合作较少。

8. 缺乏强有力的协同发展机构

关于京津冀协同发展的概念人们并不陌生，早在 1982 年的《北京城市建设总体规划方案》就有了“首都圈”的概念。2004 年，国家发改委已经开始启动《京津冀都市圈区域规划》的编制。2009 年，河北就与北京、天津签订了教育合作协议，明确各方在师资、实验室和供求信息等多方面进行合作。可以说，30 多年来京津冀一体化的各种规划和设想很多，但基本上都停留在概念上、文件上，具体落实不理想。其中一个重要原因就是在构建京津冀协同发展领导体制、协调机制上做得不细致，缺乏强有力的协同发展机构来实施规划和推进落实，从而导致三地很难形成完善的地区间协作机制，协同发展的力度变得非常弱，政策执行情况也就大打折扣了。因此，京津冀教育协同发展的前提必须要解决思想认识一体化、组织一体化和规划一体化的问题，需要各方面达成共识。只有建立一个强有力的机构，整体把握协同发展工作，细化顶层设计政策，加强对教育资源运作、统筹规划、科学布局等各方面进行协调组织，才能顺利推进京津冀教育协同发展的进程，否则即使大家都有合作发展的愿望，也会有很多难题破解不了，很难取得实质性的推进。

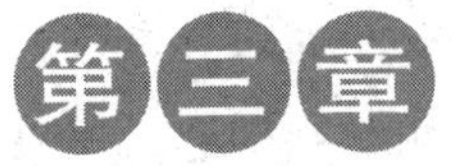

京津冀基础教育总体水平的比较

北京作为首都，是全国的政治中心、文化中心和国际交往中心，尤其重视教育领域的发展，始终走在全国各城市的前列。自中华人民共和国成立以来，首都北京首先实现了教育大众化、普及化的历史性的跨越。进入到21世纪以来，北京率先全面实施首都教育发展战略，用于教育领域的投入持续增加，市内各学校的办学条件显著改善，教育普及程度大幅度地提高。作为全国直辖市之一的天津自进入到21世纪以来，通过大力实施科教兴市和人才强市战略，使得天津的教育改革和发展取得了巨大的成就，主要表现在：基础教育得到优质协调发展，义务教育在全市范围内更加均衡普惠。虽然河北自20世纪80年代以来，教育事业也取得了显著成就：在全省范围内全面实施了免费义务教育，教育的均衡发展取得明显成效，主要表现在高中阶段的教育得到基本普及，职业教育得到快速地发展，各阶段教育质量不断提高，教育投入日益增长，办学条件得到显著改善，办学水平不断提高等，但与北京市、天津市相比，现阶段的教育事业还不能完全满足经济社会发展和人民群众接受良好教育需求的提高。主要存在以下几点不足：部分地区教育观念相对落后，各学校的素质教育推进缓慢；教育投入不足；教育体制不够完善；优质的教育资源相对短缺，城乡、区域教育发展存在不平衡现象；教育服务经济社会发展的能力需要进一步加强等。下面通过京津冀三地学校数量、学生数量、教师数量以及教育投入等多方面指标来考察三地基础教育服务发展概况。

一、京津冀三地学校数量比较

基础教育学校数量（总量及结构）的变化是基础教育布局宏观的反映。从研究义务教育学校数量的变化入手，可以从侧面了解基础教育资源的变化趋势以及空间格局调整的情况。

2001 年以来，中小学布局调整发生了一系列变化，总体呈现出学校数量减少的趋势。2001 年出台的《国务院关于基础教育改革与发展的决定》明确要求地方政府要“按照小学就近入学、初中相对集中、优化教育资源配置的原则，合理规划和调整学校布局。农村小学和教学点要在方便学生就近入学的前提下适当合并”。在此政策的指导下，2001 ~ 2005 年，在整合乡镇教育资源、调整农村中小学布局的过程中，出现了盲目撤并学校的现象，造成学校数量明显减少，农村学生受教育的权利受到影响。

2006 年《关于实事求是地做好农村中小学布局调整工作的通知》中明确指出，“要坚持以人为本、以学生为本，以方便和满足学生和家长的需求为出发点，合理规划，统筹安排学校的布局和建设”，开始有意识地进行政策纠偏。2008 年城市义务教育阶段教育免费得以实现，“撤点并校”的动机逐渐复杂化，城镇化成为重要的驱动力量，有些地方明确撤并农村学校进而带动农村人口向城镇集聚作为拉动城镇化的策略。“学校进城”的口号越来越响。2012 年 9 月，国务院办公厅下发《关于规范农村义务教育学校布局调整的意见》提出，要“坚决制止盲目撤并农村义务教育学校”“在完成农村义务教育学校布局专项规划备案之前，暂停农村义务教育学校撤并”，持续十年之久的“撤点并校”时代结束。

从表 3 - 1 中可以看出，京津冀三地农村基础教育阶段学校数量在十三年间数量大幅度减少。其中，北京市农村小学数量从 2001 年的 808 所减少到 2013 年的 249 所，减少了 69. 2%，农村初中学校数量从 125 所减少到 59 所，减少比例为 52. 8%；天津市农村小学数量由 2001 年的 520 所减少 2013 年的 301 所，减少了 42. 1%，农村初中学校数量由 152 所减少到 81 所，减少比例为 46. 7%；河北省总体农村小学数量由 2001 年的 27433 所减少到 2013 年 7783 所，农村初中数量由 2001 年的 2527 所减少到 2013 年的 864 所，减少比率分别为 71. 6% 和 65. 8%。可以看出，在撤点并校推行

13 年期间，三地中河北省农村中小学数量减少幅度最大，北京次之。但从中小学学校数量变化的整体情况而言，京津冀三地的差异性不大，表现出了较强的共性。基于农村义务教育发展滞后的基本情况，“撤点并校”对义务教育均衡发展做出了一定的贡献，裁汰了一部分不达标的农村学校，将学生引向教育质量高的学校，有助于缩短城乡教育差距；同时“撤点并校”造成的各地总数量减少，使得教育经费可以集中使用，有限师资力量得以整合优化，对于改善教育环境，提高教育质量有很大帮助。但同时，学校数量减少也带来一系列负面影响，首先便是辍学率的升高，农村大部分学校被撤销后，农村学生不得不通过寄宿或乘车的方式选择较远的教学点上学，造成农村家庭的住宿费、伙食费、生活费和交通费等急剧攀升，实际费用比撤点并校之前高出几倍甚至十几倍。因此，就京津冀三地而言，2001 年来大幅度学校数量减少与国家“撤点并校”的政策相关，并都对农村地区学生的就学造成影响。

表 3-1　　京津冀农村地区学校数量变化情况

小学学校数量													
地区	2001年	2002年	2003年	2004年	2005年	2006年	2007年	2008年	2009年	2010年	2011年	2012年	2013年
北京	808	735	625	551	749	669	437	411	377	346	269	252	249
天津	520	397	383	368	354	350	343	343	392	386	316	304	301
河北	27433	24593	22193	19398	17638	16466	14689	13613	11972	11084	8612	7963	7783
初中学校数量													
地区	2001年	2002年	2003年	2004年	2005年	2006年	2007年	2008年	2009年	2010年	2011年	2012年	2013年
北京	125	115	113	100	135	124	94	86	81	83	69	62	59
天津	152	86	115	114	107	107	104	104	125	125	84	79	81
河北	2527	2423	2428	2332	2195	2127	1839	1674	1426	1243	1027	904	864

资料来源：《中国教育统计年鉴》（2002～2014 年）。

在综合考虑城乡学校数量的情况下，2010～2014 年，随着对学校布局调整的不断探索，京津冀三地总体学校数量整体进入平稳发展、伴随小幅缩简的阶段（见表 3-2）。其中，京津冀三地总体普通小学学校数在近五年都有不同程度的减少，其中天津市的减少幅度最大，从 2010 年的 956 所减少至 2014 年的 842 所，下降比率为 11.92%。这与北京、天津近年来入学政策收紧，对一些打工子弟学校的整顿与关闭有关。初中学校数方面，北京和天津近四年的变化幅度不大，而河北的初中学校数有减少，但幅度不大。在高中学校数方面，北京近五年高中学校数从289所增长至306所，而天津和河北地区的高中学校则分别减少了33所和48所。综合三地学生数量，河北高中学校数量明显较少。

表3-2　　2010~2014年京津冀三地学校数量变化

普通小学学校数量					
地区	2010年	2011年	2012年	2013年	2014年
北京	1104	1090	1081	1093	1040
天津	956	874	843	838	842
河北	13563	13274	12898	12538	12529
初中学校数量					
地区	2010年	2011年	2012年	2013年	2014年
北京	—	342	341	347	337
天津	—	316	317	325	326
河北	—	2534	2435	2381	2391
高中学校数量					
地区	2010年	2011年	2012年	2013年	2014年
北京	289	290	289	291	306
天津	214	209	202	193	181
河北	615	598	565	563	567

资料来源：《中国统计年鉴》（2011~2015年）。

近年来，北京和天津地区的入学政策逐年收紧，两地打工子弟均面临着入学难、升学难的问题。

打工子弟学校满足的是低收入流动儿童家庭的义务教育需求，由于其费用低、离务工人员居住地近、入学形式灵活等特点，受到子女无法进入公办学校的务工人员的欢迎。过去十年，北京的打工子弟学校屡次遭到关停。其中2006年、2011年和2012年均发生过大规模关停打工子弟学校的事件。2006年，北京市为迎接奥运会，各区按照“分流一批、规范一批、取缔一批”的原则，在取缔“非法办学”打工子弟学校的同时，“规范保留”了60多所打工子弟学校。2009年，朝阳区因土地储备大量拆除城边村，再度拆除一批打工子弟学校。2010年成为人口控制的转折点，北京市出台诸如限制非户籍人口购车、购房等政策。虽然有区教委表示用三年时间“根本解决流动人口子女入学问题”，但是，流动儿童要走进公办学校仍困难重重，需要家长取得暂住证，还要提供“五证”。即使证明齐全，家长们还会面临“名额已满”的托词，有些学校甚至出现“自愿捐赠”的要挟。自2011年6月起，打工子弟分布集中的海淀区、朝阳区、大兴区相继关停24所打工子弟学校，涉及学生1.4万余名，一些“规范保留”下来的打工子弟学校也未能幸免。关停通知书的措辞通常是学校在房屋安全、消防安全、用电安全和卫生保健等方面存在严重安全隐患，且“未按相关程序规定取得办学资质”。至于为何未能“取得办学资质”，打工子弟学校各有苦衷。有的校长认为，其根本原因是严苛的政策规定和高不可及的办学门槛。例如，《北京市中小学办学条件标准》规定学校必须设有书法、美术、劳动技能、网络中心等专用教室，生均建筑面积需达到14.1平方米。对于城乡接合部的打工子弟学校而言，达到这些要求极不容易。

天津的打工子弟同样面临难以入学的问题，基础教育难以得到保障。根据天津“幼升小”政策，很多学校在招满本地生源之后，才会招收外地生源。而事实上，紧缺的教育资源难以顾及打工子弟的需要，学校数量有限，优质的教育资源更是紧缺，满足本地生源的需求已是勉强，一些小学入学需要提前一年甚至两年预约。入学人数和潜在需求的不断增长，给教育设施和办学能力带来巨大的压力，天津市对入学政策逐步调整收紧。和北京相同，流动儿童要想进入公立学校，需要“五证”齐全，并且要提交缴费期半年以上的社保证明。2017年初，天津的户籍政策进一步收紧，新政策规定，2018年后，流动儿童在没有落户之前，仍可接受九年义务教育，但是无法参加中考。之前的相关政策已经对流动儿童参加高考做出限制，如果没有天津户籍，即使能上高中，也不能参加高考——严苛的入学条件将许多打工子弟拒之门外。

近年来，三地学校招生数量减少对农民工子弟带来的一系列影响，值得深思。

总体来看，京津冀地区的学校的学校数量较少，学生入学较为困难。在经济较为发达，农民工聚集密集的京津地区问题更加严重。河北学校数量虽逐年减少，但入学政策较为宽松，可以帮助接纳京津地区无法容纳的打工子弟。但河北学校也存在自己的问题，如生均教育资源与京津两地相比较为匮乏，存在班级人数过多、生师比过高等问题。

二、京津冀三地学生数量比较

学生数量直接影响教育资源的配置。总体来看，各阶段学生数量均是河北最多，北京次之，天津最少（见表3－3）。这与当地的人口数量有直接的关系。

表3－3　2010～2014年京津冀区域学生数量比较　单位：万人

	地区	2010年	2011年	2012年	2013年	2014年
小学	北京	65.33	68.05	71.87	78.93	82.12
	天津	50.59	51.85	53.23	55.21	57.32
	河北	511.59	541.09	562.22	546.21	564.29
初中	北京	30.99	30.23	30.55	31.06	30.68
	天津	27.34	26.2	25.65	26.07	26.72
	河北	221.25	215.03	217.36	208.85	228.82
高中	北京	19.84	19.51	19.35	18.76	17.76
	天津	18.52	18.55	18.12	17.51	16.96
	河北	127.51	123.32	117.69	109.28	110.41

资料来源：《中国统计年鉴》（2011～2015年）。

2010～2014年，京津冀地区的学生数量呈现出了“小学初中学生数增加，高中学生数减少”的特点。从2010年到2014年，北京与天津的小学学生数量分别增加了17万人和7万人。结合近年来人口流动趋势，全国各地大量流动人口流向京津地区，青壮年占比较高，带来大量适龄入学儿童，造成学生数骤增；反观高中，2010～2014年高中学生数逐年递减，与高考政策与户籍制度有着密切关系。非本地户籍学生在升学时受到户口标准的限制，只得选择回家就读升学。

城镇化是人类社会发展进步的必然途径，其对经济社会的各个领域都产生了重要的影响。教育作为与人口数量增减、迁移变化联系最为密切的社会公益事业，必然受到城镇化进程的巨大影响。这一影响的重要表现之一，就是各学段学龄人口快速向城镇流动和集聚。在城镇化进程加快和城乡教育原有差距影响下，基础教育阶段的中小学生快速向城镇、城市学校集聚，高中阶段学生已基本集中于县城及其以上的城市学校。考察三地分地区的学生数量变化趋势可以发现，京津冀近五年均呈现出“城市学生数量增加，农村学生数量减少”的趋势。

就小学、初中、高中三个教育阶段来说，变化趋势最为明显的是小学阶段。从 2010 年至 2014 年，京津冀三地城市小学学生数量逐年上升，5 年增长幅度分别为 17.71 万人、16.23 万人和 61.82 万人，增长率达到 35.8%、88.1% 和 105.6%；与此对应的是三地农村小学学生数量的减少，分别减少了 2.87 万人、0.82 万人和 77.3 万人。在初高中阶段，2010～2014 年学生数变化趋势与小学阶段相似，不同的是初高中阶段三地城市学生数增长比例与小学相比较小，但农村地区学生数减少速度高于小学阶段。

在学生数量方面，京津冀三地的学生地区分布有明显的差距。从表 3－4 中可以看出，河北的农村就读学生比例最高，天津次之，北京最低。从小学阶段来看，2014 年北京农村学生数量占比 7.76%，天津农村学生数量占比 18.48%，河北农村学生占比 41.25%；从初中阶段看，2014 年北京农村学生数量占比 5.80%，天津农村学生数量占比 10.63%，河北农村学生占比 17.53%；在高中阶段，2014 年北京农村学生数量占比 2.25%，天津农村学生数量占比 2.29%，河北农村学生占比 3.52%。可以发现，三地农村学生数量占比按照“小学、初中、高中”的顺序减少，至高中阶段，绝大部分学生都聚集于县镇、城市接受教育。

随着经济的发展，国家城镇化比例不断提高，越来越多的父母进入城镇务工，京津冀地区有大量农民工涌入。随之是随迁子女和留守儿童数量越来越多，也造成了城市学生数不断增加的现象。2014 年全国教育事业发展统计公报显示，全国义务教育阶段在校生中进城务工人员随迁子女共 1294.73 万人，占全国儿童数量比例 9%。全国义务教育阶段在校生中农村留守儿童共 2075.42 万人，占全国儿童数量比例 14.5%。其中，在小学就读 955.59 万人，在初中就读 339.14 万人。留守儿童已经成为中国发展中的瞩目问题、困难问题，亟待解决。与此同时，在北上广等城市入学对流动儿童并不是一件易事。

2002 年，根据北京市人民政府办公厅《关于对流动人口中适龄儿童少年实施义务教育暂行办法的通知》，流动人口子女在京居住半年以上的，需要提供“四证”，分别是家长就业证明、全家户口簿、父母身份证、暂住证，向暂住地街道办事处或乡（镇）人民政府提出申请核准通过后，换取“在京借读批准书”。2004 年，根据北京市教委等十部门《关于贯彻国

表 3-4　　京津冀学生数量

单位：万人

地区	小学					初中					高中				
	2010 年	2011 年	2012 年	2013 年	2014 年	2010 年	2011 年	2012 年	2013 年	2014 年	2010 年	2011 年	2012 年	2013 年	2014 年
城市															
北京	49. 47	54. 14	57. 29	63. 53	67. 18	23. 05	23. 92	24. 70	25. 25	25. 2	16. 51	16. 82	16. 74	16. 27	15. 69
天津	18. 44	29. 65	30. 76	32. 14	34. 67	10. 00	14. 56	14. 59	14. 94	15. 63	8. 69	11. 96	11. 77	11. 45	11. 50
河北	58. 55	105. 59	112. 08	114. 55	120. 37	36. 96	58. 23	60. 98	62. 08	65. 74	31. 47	48. 85	47. 64	45. 29	46. 39
县镇															
北京	6. 62	7. 83	8. 40	8. 99	8. 57	3. 90	4. 27	4. 03	4. 13	3. 70	2. 20	2. 08	2. 08	1. 97	1. 67
天津	20. 74	10. 95	11. 49	11. 94	12. 06	10. 25	7. 70	7. 70	7. 76	8. 25	7. 36	5. 83	5. 74	5. 48	5. 07
河北	143. 24	184. 11	204. 97	202. 54	211. 15	117. 32	110. 48	115. 27	110. 97	122. 97	88. 12	70. 09	66. 56	59. 86	60. 13
农村															
北京	9. 24	6. 08	6. 18	6. 41	6. 37	4. 04	2. 04	1. 82	1. 68	1. 78	1. 13	0. 61	0. 53	0. 52	0. 40
天津	11. 41	11. 25	10. 98	11. 13	10. 59	7. 09	3. 94	3. 36	3. 37	2. 84	2. 47	0. 76	0. 61	0. 58	0. 39
河北	309. 8	251. 39	245. 17	229. 12	232. 77	66. 97	46. 32	41. 11	35. 8	40. 11	7. 92	4. 38	3. 49	4. 13	3. 89

资料来源：《中国统计年鉴》（2011 ~2015 年）。

务院办公厅进一步做好进城务工就业农民子女义务教育工作文件的意见》，北京市首次提出“五证”要求，在2002年要求的基础上增加了居住证明。2010年，北京市教委出台《北京市中小学生学籍管理办法》规定，流动儿童入学只需“三证”，即家长在京居住证明、户口簿及在京借读证明。但综合2010～2013年北京市教育委员会关于义务教育阶段入学工作的意见可以看出，在实际操作中，对流动儿童入学执行的仍旧是2004年“五证”的要求。根据《北京统计年鉴》数据，2004～2013年，尽管面对“五证”的入学门槛，北京市义务教育阶段非京籍在校学生人数依然持续上升，从2004年的22.7万人上升至2013年的47.3万人，十年间累计增加24.6万人，平均每年增加2.46万人。2014年3月16日，中央政府发布《国家新型城镇化规划（2014—2020年）》，要求“严格控制城区人口500万以上的特大城市人口规模”，北京市表示要“痛下决心遏制北京人口无序快速增长”，采取“以业控人”“以房管人”等多种措施，“教育控人”政策开始出现。2014年5月1日，《北京市教育委员会关于2014年义务教育阶段入学工作的意见》，明确要求义务教育阶段内非京籍适龄儿童，需提交“五证”以及其他“相关材料”，“五证”门槛较2013年大幅提高，“五证”的审核权限也由原来的以街道为主，变更为要求各区县建立非本市户籍适龄儿童少年接受义务教育证明证件材料联合审核机制（见图3－1）。

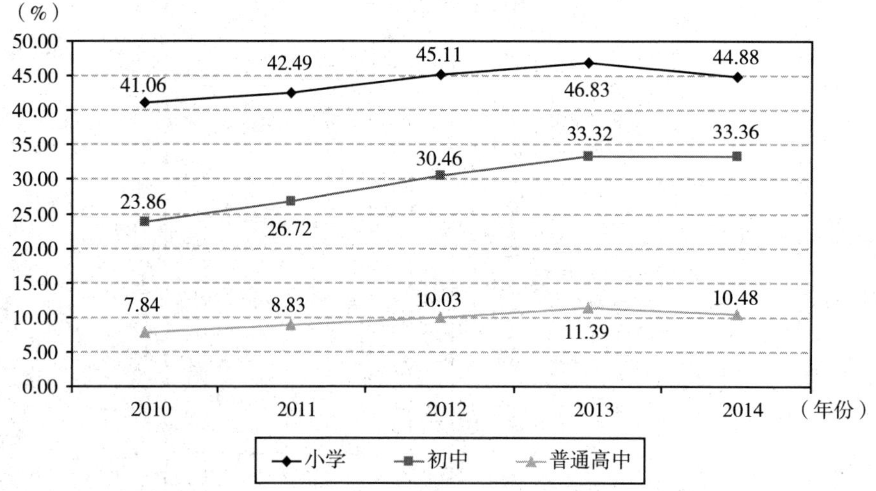

图3－1　北京市小学、初中、高中非京籍在校生比例

资料来源：《北京统计年鉴》（2011～2015年）。

2014 年北京市常住人口为 2151. 6 万人，其中，常住外来人口为 818. 7 万人，占常住人口的 38%。2014 年义务教育阶段非京籍学生占比 41. 7%，达到 47 万人。而高中阶段非京籍学生占比减少至 10. 48%，达到 1. 8 万人。其中小学阶段非京籍学生比例达到 44. 9%，接近半数。初中阶段达到 33. 4%。2014 年入学门槛升高后，小学阶段入学非京籍学生招生人数 55233 人，其中进城务工人员随迁子女 31426 人；较 2013 年非京籍学生招生人数 74890 人，其中进城务工人员随迁子女人数 50107 人，分别减少了 19657 人和 18681 人，同比下降幅度分别达到 26. 25% 和 37. 28%。可见，入学门槛的提高对流动儿童入学的影响之大。初中阶段入学，2014 年非京籍学生招生人数 36971 人，较 2013 年非京籍学生招生人数 41029 人，减少了 4058 人，下降幅度达到 9. 89%。横向比较来看，高中阶段非京籍学生比例较小学与初中阶段锐减。2014 年高中阶段非京籍学生比例仅为小学、初中的 1/3 甚至 1/4 左右。由于在京不能参加高考，大多数非京藉学生选择返回原籍参加高考或出国留学。从 2014 年起，符合五项条件的随迁子女可在京参加高考，但只能报名参加高等职业学校招生考试。当年共有 114 人报名参加高考。异地高考人数没有明显增加。

三、京津冀三地教师资源比较

教师资源是学校人力资源的重要组成部分，具有人力资源的属性即数量和质量、教师资源的数量是指一定区域内教师的数量，本文用“生师比”指标考察；教师资源的质量是指教师的素质和水平，能够体现教师队伍素质的指标主要有教师的学历、职称、教学能力和获得奖励等方面，本书选取教师的学历这一指标对教师质量进行考察。

教师数量是指一所学校所拥有的为教育教学提供帮助的人数，评价教师数量是否能够满足学校教育发展需求，通常通过“生师比”来衡量。生师比是指学校专任教师数与在校学生数的比例，是衡量学校办学水平是否合格的重要指标。由于教师在学校中的重要地位，“生师比”就是学校教学工作中的重要数据。它在一定程度上体现了学校教育规模的大小、学校人力资源利用效率，也从一个侧面反映了学校的办学质量。生师比低在一定程度上对应着“小班化”教学，“小班化”可以改善学生的学习环境，让他们得到教师更多的注意和照顾。

由表3－5和图3－2可以看出，2013～2014年北京、天津的小学和初中的生师比数据相对接近，均低于全国平均水平，在该指标上发展水平都相对较高。2014年两地生师比分别为14.44和14.71，低于全国平均水平16.78。相应的，河北的生师比则一直相对较高，且从2012年开始，河北小学和初中的生师比开始高于全国平均水平，也就意味着河北有可能存在着小初阶段的生源相对较多、师资资源相对较少或者二者兼有的问题。在高中阶段，三地生师比均低于全国平均水平，其中河北最高，北京最低。

表3－5　2010～2014年京津冀各级学校生师比

	地区	2010年	2011年	2012年	2013年	2014年
普通小学	总计	17.70	17.71	17.36	16.76	16.78
	北京	13.20	13.38	13.70	14.36	14.44
	天津	13.56	13.84	14.09	14.42	14.71
	河北	16.04	17.09	17.74	17.13	16.92
初中	总计	14.98	14.38	13.59	12.76	12.57
	北京	10.24	9.90	9.83	9.75	9.44
	天津	10.56	10.13	9.85	10.04	10.21
	河北	12.45	12.47	12.95	12.67	13.45
普通高中	总计	15.99	15.77	15.47	14.95	14.44
	北京	10.11	9.60	9.38	9.00	8.41
	天津	12.49	12.23	11.74	11.24	10.62
	河北	15.37	14.77	14.19	13.28	13.23

资料来源：《中国统计年鉴》（2011～2015年）。

在横向对比过程中，三个地区都存在着多多少少的发展波动。小学阶段三地生师比均呈现出稳步上升的趋势。对比2010～2014年京津冀三地小学学生数量的增长趋势，这种现象可以解释。近年来，由于京津冀地区不断流入外来人口，适龄入学儿童增多，而教育规模以及老师的数量增速较缓，导致生师比上升，教育资源水平下降。初中阶段三地生师比或增长或下降，但整体的数据一直保持着相对平稳的状态。而在高中阶段，三地生师比呈现出逐步下降的趋势，这一现象的产生是因为非北京户籍的学生中考受到限制，无法报考普通高中，只能报考中职类学校；2014年以后，甚

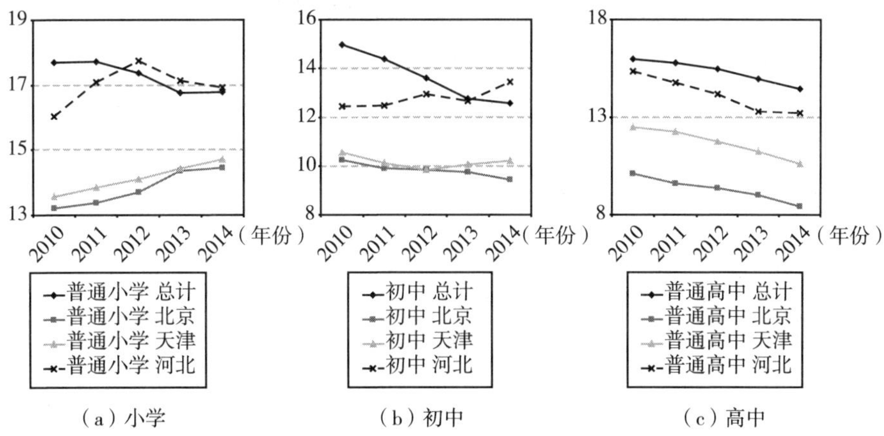

图 3 -2　京津冀各级教育生师比

资料来源：《中国统计年鉴》（2011 ~2015 年）。

至无法在普高借读，很多流动儿童为了未来继续升入高中、参加高考，只能选择在初中毕业之前提前返回户籍地，在户籍地参考中考，就读高中并参加高考。2017 年，天津也出台了相关政策，规定没有落户的流动儿童不得在津参加中考。但不管是在小学、初中还是高中，三地生师比差异并没有缩小的趋势，这也侧面说明了在 2010 ~2014 年五年中，京津冀地区的义务教育阶段的协同化发展成效较小，需要进一步大力开展。

教师是重要的教学资源，在教育质量上起着至关重要的作用，而教师质量是衡量教育质量的关键要素。教师质量又被称为教师素质，包括教师的专业性知识、专业能力以及专业精神。教师的专业性知识包括本体性知识、条件性知识以及科学文化知识；专业能力包括语言表达能力以及教育教学能力等；专业精神指教师的职业道德和职业态度。但这些能力无法用量化标准直接考察，所以教师学历等可量化指标尤为重要。根据《中华人民共和国教师法》，小学教师应当具有高中及以上学历，初中阶段专任教师应当拥有专科及以上学历。

通过对比 2010 ~2014 年教师学历数据得知，京津冀三地教师素质在不断提高，学历为本科及其以上的教师在京津冀三地小学和初中的占比均逐年提升（见表 3 -6、图 3 -3）。其中，北京地区学校老师学历普遍较高，2014 年北京小学阶段本科及其以上学历的教师占比为 0. 87，略微高于天津（0. 67），并显著高于河北（0. 40）及全国平均水平（0. 42）。而在对知识要求水平更高的初中阶段，京津冀三地教师学历均高于小学阶段，2014 年北京地区本科及以上教育水平的教师占比 0.98，即几乎全部都为本科以上学历，同年天津为 0.93，高于河北地区的 0.8。

表 3－6　2010～2014 年京津冀基础教育阶段教师学历　单位：%

地区	小学教师本科以上学历占比					初中教师本科以上学历占比				
	2010 年	2011 年	2012 年	2013 年	2014 年	2010 年	2011 年	2012 年	2013 年	2014 年
合计	0.24	0.28	0.33	0.37	0.42	0.64	0.68	0.72	0.75	0.78
北京	0.75	0.80	0.83	0.85	0.87	0.94	0.96	0.97	0.97	0.98
天津	0.49	0.56	0.61	0.65	0.69	0.85	0.88	0.9	0.91	0.93
河北	0.24	0.28	0.32	0.36	0.40	0.66	0.70	0.73	0.77	0.80

资料来源：《中国教育统计年鉴》（2011～2015 年）。

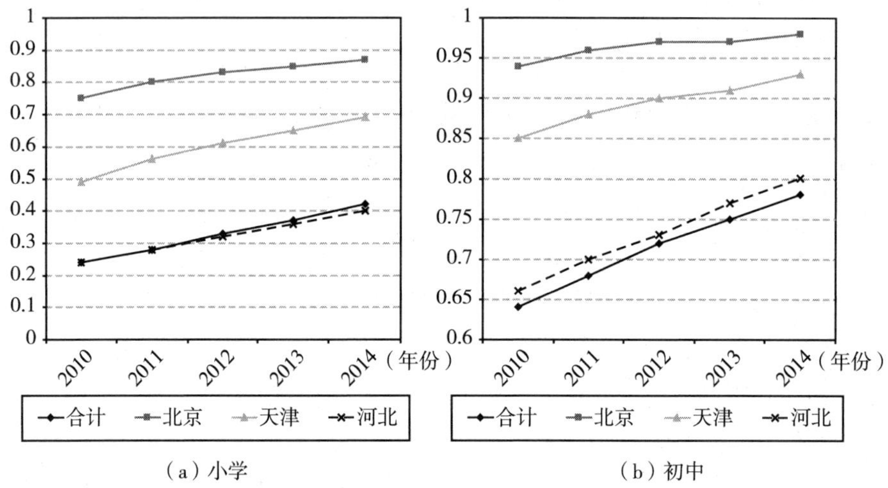

图 3－3　2010～2014 年各级教育教师本科以上学历占比

资料来源：《中国教育统计年鉴》（2011～2015 年）。

横向来看，2010～2014 年间河北地区教师学历增长水平较快，与京津地区的差异在逐步缩小。从 2010 年至 2014 年，北京地区小学阶段本科及其以上教师的占比提高了 0.12，初中提高了 0.04；天津地区小学阶段本科及其以上教师的占比提高了 0.20，初中提高了 0.08；河北地区小学阶段本科及其以上教师的占比提高了 0.16，初中提高了 0.14。河北地区初中阶段教师学历水平增长显著高于京津两地，但实际水平和两地还有较大差距。

总体来看，用生师比和教师学历两个指标衡量教师资源时，河北生师比较高，教师学历较低，落后于京津两地。北京教师数量和质量略高于天津，但两地之间差距不大。

四、京津冀三地教育经费投入的区别

教育投入是发展教育事业的重要物质基础，也是保障公民受教育权利的基本前提。由于教育是具有非排他性和不充分竞争性的公共物品，中国教育投入往往是由公共财政来负担的。从中央财政教育支出预算总额来看，2014 年中央财政教育支出持续增加。根据《国务院关于 2014 年中央决算的报告》，2014 年教育支出额为 4101.59 亿元，相比 2013 年决算额 3883.92 亿元增长了 5.6%，而 2013 年中央财政教育支出决算额较 2012 年决算额仅增长了 2.7%（见表 3－7）。

表 3－7　　2010～2014 年中央财政教育支出决算数

项目	2010 年	2011 年	2012 年	2013 年	2014 年
中央财政教育支出决算数（亿元）	2547.34	3268.59	3781.55	3883.92	4101.59
决算数占上年决算数的百分比（%）	128.6	128.3	115.7	102.7	105.6

资料来源：《中央财政支出决算表》（2010～2014 年）。

教育经费来源可以分为政府投入和民间投入两部分。一般来说，我国用财政性教育经费来说明政府投入的高低，其中包括了财政预算内教育经费、各级政府征收用于教育的税费、企业办学教育经费、校办产业勤工俭学和社会服务收入用于教育的经费。由于目前大多数地区已经开始费改税的改革，企业办学教育经费也已经由过去的税前列支改为税后列支，所以财政预算内教育经费来代表政府投入的高低更为准确。教育规模和质量的保持和发展，必须有充足的经费支持，这也是教育财政领域将“充足”作为教育财政首要目标的原因。从绝对意义上看，教育财政的充足是指所提供的经费能够保障国民接受基本教育的权利，能满足维持教育系统的正常运行和健康发展；从相对意义上看，是指教育资源的供给能适应国家或地区的经济社会发展水平，并要求和政府的公共财政支出保持一个合理的比例。

图 3 – 4 展示了 2011 ~ 2014 年京津冀三地公共财政教育支出的情况。可以看出，京津冀三地的总体的教育经费支出的整体规模在逐年增长，北京、天津增速较快，河北增速较缓。分析显示，2011 ~ 2014 年，除河北在 2013 年财政支出减少，北京、天津、河北三省市的年平均财政教育支出增长率都超过 10%，2014 河北的年平均教育财政支出增长率要略低于北京和天津，而且河北是人口大省，这样，河北的人均教育投入又远低于北京和天津。

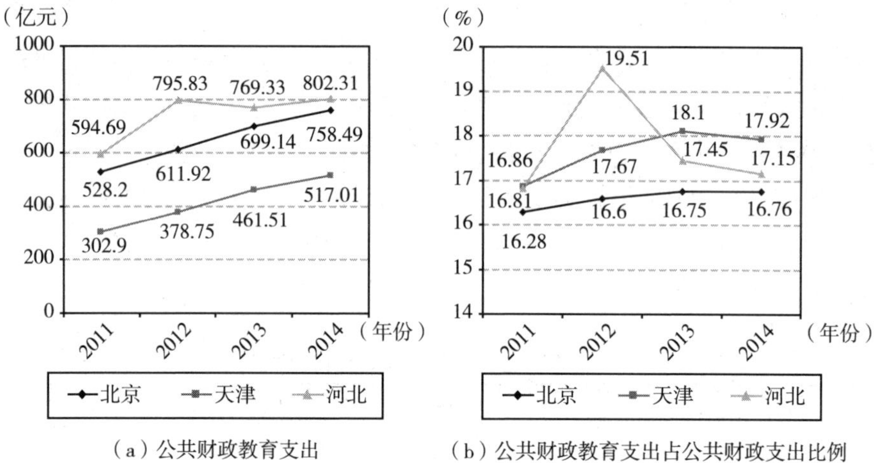

（a）公共财政教育支出

（b）公共财政教育支出占公共财政支出比例

图 3 – 4　公共财政教育支出与公共财政教育支出占公共财政支出比例

资料来源：《中国教育经费统计年鉴》（2012 ~ 2015 年）。

考虑公共财政教育支出占公共财政支出比例，整体来看，三地中天津地区公共财政教育支出占比最高，2014 年达到 19. 92%，河北次之，北京地区教育支出占比虽低，但在逐年稳步增长。

中国在制度化过程长期作用下形成了二元经济与社会结构，对社会的影响很深刻，突出地表现在经济分离的基础上城市与农村的严重阻隔或者对立，通过户籍制度形式把整个社会成员人为地划分为城镇户口与农村户口，从而把城市与农村严格地隔离开来，不同户籍身份的人无法流动。因此，它不仅体现在经济的二元性，还体现在制度设置的双重性，具有鲜明的行政安排特征，形成了明显的社会二元结构。教育也在这种二元结构的制度化分割中表现出巨大的城乡差距。2004 年，中国义务教育财政预算内支出占义务教育总支出的 69. 85%，该比例明显偏小，包括世界上很多发展中国家在内的大部分国家的比例在 20 世纪 90 年代都达到了 85% ~ 90%。

2004 年，义务教育财政预算内拨款占财政预算内教育拨款的比例为 54.47%，其中农村义务教育财政预算内拨款所占比例为 32.92%。这个拨款比例总体偏低，农村所占比例更低，与义务教育的重要性和实际需求相比很不相称。目前，多数地区政府对义务教育公立学校，不是按学生人数，而是按重点校和非重点校拨款，造成同一级政府管理的公立学校之间差距巨大。城市的重点学校多，加上地缘优势、人际关系协调等多方面因素，得到的财政拨款远远多于农村学校。

考虑实际的教育经费支出包括政府投入与民间投入两部分，研究选取的两个指标为生均教育经费支出和生均预算内教育支出。生均教育经费是考察教育经费情况的根本指标，可以有效衡量在校生教育投资大小，能比较准确地反映出教育经费提供的程度，也可以通过它考察教育经费满足教育事业发展需要的程度。而生均预算内教育经费则反映了财政资金对教育的支撑程度。提高财政教育经费在整个财政支出中的比例是提高教育经费的主渠道。考虑到现阶段我国教育投入城乡差距比较大，下面对各阶段教育经费支出分为农村学校和城市学校两方面考察。

1. 小学教育

近年来，京津冀三地对于教育经费的支出逐年增加，生均教育经费也逐年上升。总体来讲，北京的生均教育经费支出和生均预算内教育经费支出都位于全国前列，天津处于全国中上水平，而河北略低于全国平均水平（见表 3－8）。

表 3－8　2010～2014 年小学生均教育经费支出和生均预算内教育经费支出

单位：元

生均教育经费支出						生均预算内教育经费支出					
地方农村小学											
地区	2014 年	2013 年	2012 年	2011 年	2010 年	地区	2014 年	2013 年	2012 年	2011 年	2010 年
合计	8152.16	—	5718.96	4560.31	3842.26	合计	6970.26	—	4847.8	3876.24	3236.27
北京	32312.97	—	27262.67	22781.02	17582.78	北京	24183.85	—	21787.91	18544.94	14011.3
天津	16979.09	—	14194.81	10950.59	9030.48	天津	14434.34	—	11880	9925.48	7857.03
河北	6230.86	—	5341.74	4740.17	4041.7	河北	5183.91	—	4417.52	3955.43	3469.02

续表

生均教育经费支出						生均预算内教育经费支出					
地方普通小学											
合计	8400.93	—	6117.49	4931.58	4171.45	合计	7022.84	—	5061.64	4097.62	3424.65
北京	31501.72	—	24920.45	19762.13	16061.18	北京	21920.5	—	19098.19	15361.76	12255.03
天津	19457.87	—	16497.38	12688.51	10320.17	天津	15658.6	—	13491.32	11575.94	9131.43
河北	5948.77	—	5228.62	4627.01	3953.45	河北	4969.05	—	4289.33	3836.26	3379.99

资料来源：《中国教育经费统计年鉴》（2011～2015 年）。

2014 年北京、天津地方农村小学生均教育经费支出分别为 32312.97 元和 16979.09 元，河北当年生均教育经费支出仅为 6230.86 元，不足京津两地的 1/2。当年全国农村小学生均教育经费支出为 8152.16 元，河北未达到全国平均水平。结合三地学生数量，河北地区农村小学学生数量庞大，占当地全部小学学生数量的 41.2%，现有的教育经费支出远不足以满足当地农村小学学生需求，教育财政支出力度需进一步加大。

同时，各地农村小学与普通小学之间的教育投入存在着不可忽视的差距。2014 年，北京地方普通小学的生均教育经费支出为 31501.71 元，比同年农村小学略低，结合 2010～2014 年的总体情况，显示出北京地区对农村地区基础教育的投入加大。河北地区城乡差异不大，对乡村小学的投入略高，生均高出约 300 元。而天津则对地方普通小学的教育经费投入显著高于农村地区，地方普通小学的生均教育经费为 19457.87 元（2014 年），比当地农村小学高出约 2500 元左右。

城市学校有宽敞明亮的教室、现代化的各类实验室、齐全的电教设备，运动场、图书馆、会议室、演播厅等，还有各种文艺会演、夏令营等课外活动。农村学校的很多设施，如教室、教学设备、运动设施等都较差。由于经费不足，相当多的农村地区不具备义务教育的基本办学条件。一是农村地区危房比例偏高；二是农村小学校舍严重不足；农村学校“大班现象”十分普遍，一半以上的班级学生在 56 人以上，个别地方甚至超过了 100 人。三是中小学仪器设备的达标率也较低。因此农村地区需要更多的教育财政经费投入才能弥补与城市学校的差距，促进城乡义务教育发展均衡。从以上数据来看，显然北京地区做得更好。

2. 初中教育

关于初中教育阶段的生均教育经费支出，京津冀三地也显示出不同的特点（见表3－9）。

表3－9　　2010～2014年初中生均教育经费支出和生均预算内教育经费支出　　单位：元

生均教育经费支出						生均预算内教育经费支出					
地方农村初中											
地区	2014年	2013年	2012年	2011年	2010年	地区	2014年	2013年	2012年	2011年	2010年
合计	10996.02	—	7439.4	5874.05	5023.51	合计	9463.19	—	6376.46	5061.33	4267.70
北京	64326.34	—	47365.17	35135.38	25782.19	北京	47745.66	—	38660.19	29220.04	21051.60
天津	27497.05	—	18052.69	13679.79	10389.78	天津	22972.58	—	15438.95	12105.59	8755.86
河北	10289.91	—	8302.13	6834.08	5406.83	河北	8672.6	—	6812.78	5746.55	4716.91
地方普通初中											
合计	11453.69	—	8179.04	6526.73	5564.66	合计	9542.68	—	6743.87	5415.41	4538.39
北京	48875.13	—	37826.96	30791.29	23172.71	北京	35082.16	-	29052.63	24203.46	17348.52
天津	30694.1	—	23107.43	18256.36	13491.1	天津	24156.26	—	18229.86	14914.89	11083.16
河北	9141.61	—	7769.8	6427.58	5177.91	河北	7660.7	—	6321.74	5343.92	4420.46

资料来源：《中国教育经费统计年鉴》（2011～2015年）。

首先，京津地区农村初中和普通初中的生均教育经费支出，远高于全国平均水平，河北略低，但三地教育经费支出总体都在增长，增长幅度天津居首，北京略低于天津，河北最小。2014年北京地方农村初中和地方普通高中的生均教育经费达到6.4万元和4.9万元，分别比全国平均水平高出5.3万元和3.7万元，与2010年相比增长了150%和110%；同年，天津地方农村初中和地方普通初中的生均教育经费分别达到2.7万元和3.1万元，分别比全国平均水平高出1.7万元和2.1万元，比2010年增长了165%和128%。其次，北京地区教育经费的支出相较于天津更高，河北地区的普通初中和农村初中的教育经费为1.03万元和0.91万元，相较2010年增长率为90%和77%，远低于北京、天津两市，略低于全国平均水平，但相差不大。

在初中阶段，关于城乡学校之间的教育经费支出差异仍然存在。北京和河北两地的农村初中支出显著更高，分别较地方普通初中生均教育经费支出高出约1500元和2000元；而天津的农村初中生均教育经费支出更低，2014年农村初中比普通初中低约3000元。

3. 高中教育

京津冀三地的生均教育经费支出基本是随着学校级别的增长而增加的，对同一年份、同一地区的生均教育经费支出符合高中高于初中高于小学的规律。而三地对于高中的生均教育经费支出，除了和初中与小学一样具有北京、天津远高于河北，河北与全国平均基本一致的特征外，还具有生均教育经费支出与生均预算内教育支出的差距进一步扩大的特点。以地方农村高中为例，2014 年北京地区生均教育经费支出为 8.07 万元，约是生均预算内教育支出的 2 倍，两者之间的差额达到 4.04 万元，与 2010 年 0.5 万元的差额相比，增加了约 8 倍。同年，天津地区生均教育经费支出为 2.67 万元，高出生均预算内教育支出 0.2 万元左右；河北地区生均教育经费支出为 0.91 万元，高出生均预算内教育支出约 0.2 万元；但天津、河北两地 5 年来的差额变化并不明显（见表 3－10）。

表 3－10　　2010～2014 年高中生均教育经费支出和生均预算内教育经费支出

单位：元

生均教育经费支出						生均预算内教育经费支出					
地方农村高中											
地区	2014 年	2013 年	2012 年	2011 年	2010 年	地区	2014 年	2013 年	2012 年	2011 年	2010 年
合计	10929.07	—	7878.16	6280.49	5508.54	合计	7665.24	—	5032.77	3821.46	3078.04
北京	80677.35	—	40222.26	26093.29	25012.13	北京	40222.98	—	28512.32	19843.76	20363.67
天津	26710.2	—	12911.67	11165.31	8616.98	天津	22806.08	—	10644.17	8118.46	4946.28
河北	9048.95	—	8014.14	6261.44	5008.56	河北	7229.34	—	5924.1	4539.80	3719.62
地方普通高中											
合计	12862.41	—	9978.4	8100.61	7059.63	合计	8721.93	—	6217.55	4776.16	3912.04
北京	59251.14	—	43752.76	34626.42	25840.42	北京	40573.46	—	32936.21	26212.81	18837.65
天津	30237.7	—	20552.28	17989.95	15856.27	天津	21820.19	—	16180.41	13390.83	10222.49
河北	10037.58	—	7844.59	6525.13	5657.66	河北	7172.81	—	4988.11	4049.34	3416.08

资料来源：《中国教育经费统计年鉴》（2011～2015 年）。

比较地方农村高中和地方普通高中发现，北京地区地方农村高中的两项支出额度明显高于地方普通高中；在天津和河北，2014 年生均预算内教育经费支出方面，地方农村高中略高于地方普通高中，分别高出 986 元和 57 元，但实际生均教育经费支出的情况相反，地方普通高中更高，分别高出 3527 元和 989 元。总体来讲，北京对于农村地方高中的扶持力度更大，天津和河北还有欠缺。

就现阶段来看，河北各层次教育资源相对京津均处于匮乏状态，义务教育阶段学生数量逐年上升，但学校数量在减少；教师资源与京津相比并不充足，生师比高于京津两地，且教师的学历普遍较低；教育支出低于京津两地，生均教育经费和生均预算内教育经费都较低，且对农村地区学校的扶持力度不够。

但是放在全国来看，河北教育有着扎实的发展基础。河北环卫京津，其基础教育层次的发展具有着巨大的发展潜力等待发掘。我国政府公共服务的第一份综合研究报告《中国公共服务发展报告 2006》曾明确指出，在基础教育改善幅度方面，北京改善幅度最大，其次为河北，证明了京津冀特别是河北的基础教育发展水平具有一定的实力和优势。

诚然，京津冀基础教育资源分布不均衡的问题客观存在，但是三者间的互补性却比较强。河北是人口大省，作为劳动力资源极其丰富的省份，对于优势劳动力提供的潜力也是巨大的。特别是 2010 年以来，随着北京周边房地产的开发，河北的许多劳动力选择去京津发展，河北的基础教育发展和提升也对于北京和天津的经济发展有所裨益。京津与冀的有利优势形成互补，促成教育资源整合，将有力推动京津冀教育的一体化进程。河北省可以争取相关政策，建立合作机制，充分分享京津优质教育资源。

京津冀基础教育机会水平的比较

一、基础教育机会水平的定义及选取指标

随着时代的发展，教育对社会、经济、文化等各方面的发展所起的作用逐渐显现，教育平等问题也成为当前我国社会生活和教育领域都十分关注的热点话题。学界把教育公平分为“起点公平”“过程公平”与“结果公平”，其中“起点公平”被视作“底线公平”和“现实公平”（可以实现的公平）。这里所说的“起点公平”大部分被解释为“机会均等”，即“教育机会均等”。

教育机会均等的概念最早可以追溯到柏拉图，《理想国》中提到：每个公民不分男女，从幼年开始就要受教育。19 世纪以后，西方的一些学者对教育机会均等进行了系统研究，形成体系化的理论。其中影响力较大的学者之一就是瑞典教育家托尔斯顿·胡森和美国教育家詹姆斯·科尔曼。

1. 胡森的观点

胡森在其代表作《社会环境与学业成就》中，对第二次世界大战后欧美关于教育机会均等的研究做了综合评述。胡森的理论中，“教育机会”是用来测定个人接受社会、家庭与学校的物质条件与心理因素综合影响状况的一组变量。具体包括：学校外的各种物质因素，如学生家庭社会经济状况、学习开支费用、学校地理位置和上学交通工具等；学校内各种物质设施，如校舍建筑、实验设备和图书资料等；家庭心理因素，如父母的期望、教养态度和语言方式等；学校心理因素，如教师素质、教师态度、对学生的期望和学生的学习动机等；教学条件，如课时分配、世纪课时数和课外作业数量等。所谓“均等”，有三方面的含义：起点的公平、过程中机会的均等和最终目标的相等。胡森还把教育机会均等概念演变为起点均等论、过程均等论和结果均等论三个阶段。

起点均等论的主要观点是：法律应保证人人享有受教育的权利，但不同能力的人接受不同性质的教育。它强调的是一种教育权利的均等。过程均等论的主要观点是：每个儿童从出生起就具有某些智力上的天赋或某些较为稳定的能力，教育的作用是帮助儿童消除外部的经济障碍和社会障碍，使每个人的天赋与能力得到发展，将来能进入与他的天赋与能力相适应的社会阶层中去，因此教育制度或者教育安排要平等地对待每一个儿童，让他们有机会享受同样的教育。它强调的是教育机会的均等。结果均等论的主要观点是：在教育上仅仅有形式上的入学机会均等是不够的，还应因材施教，向每个儿童提供使个人在入学时存在的天赋得以发展的各种机会。使不同家庭背景的儿童有更多的机会获得进步，进而获得平等的教育效果。

2. 科尔曼的观点

科尔曼在1964年美国各种族教育机会问题的调查设计中，提出了衡量教育机会是否均等的五个界说。一是以社区对学校的投入差异来界说，如每个学生的费用、校舍、图书馆及教师素质等。如果不同学校在上述方面的投入基本相等，则认为在此方面体现了教育机会的均等。二是根据学校的种族构成加以界说。只有不同种族合校才是教育机会均等。三是根据学校的各种无形特点（包括教师的德行、教师对学生的期望、学生在学习上的兴趣水平等），以及可直接归于社区对学校投入的某些因素加以界说。四是根据学校对背景相同和能力相同的个体所产生的教育结果来界说。若给以个体相同的投入，教育机会均等就是结果的均等。五是根据学校对具有不同背景和不同能力的个体产生的教育结果来界说。根据这一界说，教育机会均等是在个体投入不同的条件下获得均等的教育。

但科尔曼调查后发现，差别性校外影响远远大于一致性校内影响：学校非但不能实现教育机会均等，反而会加深种族与阶层之间儿童的差异。由于存在差别性校外影响，机会均等只可能是一种接近，永远也不可能完全实现。这与胡森对此问题研究25年后得出的结论吻合，“教育改革必须与社会和经济改造协调一致。的确，不在社会制度中首先或同时建立社会平等，要在教育制度方面实现更大的机会均等是不可能的。”

3. 研究教育机会均等的必要性

教育大众化首先要办好中小学教育。中小学教育基础的薄弱是不可能把大学教育办好的。基础教育均等在教育机会均等中的重要作用不言而喻，其对于整个教育历程来说也是具有重要意义。从宏观的角度看，基础教育关系着民族的文化素质和综合素质提高，是全社会和全体国民的需要；从微观个体的角度看，每一个适龄儿童和少年，无论其种族、性别和家庭经济如何，都享有接受法定年限基础教育的权利。基础教育均等化的实现，能够促使全民都成为有文化知识的生产工作者和有政治头脑的好公民，能够促使社会经济更好地发展和社会的政治稳定。1993 年中共中央和国务院引发的《中国教育改革与发展纲要》中明确指出：“基础教育是提高整个中华民族素质的奠基工程。”但目前还存在一些问题，我国现阶段的生产力发展水平还不高，各地区经济、文化发展并不均衡，在全国范围内现阶段还没有完全保证每一个儿童都能公平地走进学校，接受学校教育。这些客观现象就是教育机会不均等的表现。如果不引起重视，积极寻求解决办法，采取有效措施，会对社会的稳定和发展造成影响。

4. 教育机会衡量指标的选取

基于理论的综合考量，本章主要以“起点公平”的角度考察基础教育机会均等。主要选取三个指标：

（1）小学净入学率。

小学净入学率 = 小学教育学龄人口进入小学的在校学生数（在校学龄人口数）/小学校内外学龄人口总数 ×100%

小学净入学率指标是衡量儿童到了法定入学年龄可以进入学校注册入学接受基础教育的机会。但是由于我国各地区经济发展程度不同，还有一部分儿童到了入学年龄而不能进入学校接受教育，从而造成儿童入学机会的不平等。

（2）小学毕业生升学率、初中毕业生升学率、高中毕业生升学率。

小学毕业生升学率 = 该学年初一年级学校招生数/该学年小学毕业生总数 ×100%

初中毕业生升学率 = 该学年高一年级学校招生数/该学年初中毕业生总数 ×100%

高中毕业生升学率 = 该学年高等教育学校招生数/该学年高中毕业生总数 ×100%

基础教育的教育结果，是主要指学生结束基础教育的整个过程，进入高一级学校深造或者进入社会工作两种结果。小升初、初升高的升学率就体现出了基础教育结果的机会均等问题。

（3）小学六年保留率、初中三年保留率、高中三年保留率。

小学六年保留率 = 六年级的学生数/该年级进入小学一年级时的学生数 ×100%

初中三年保留率 = 初中三年级的学生数/该年级进入初中一年级时的学生数 ×100%

高中三年保留率 = 高中三年级的学生数/该年级进入高中一年级时的学生数 ×100%

这一指标评价了教育系统的保持率，并衡量各阶段学生系统完成该阶段教育的比例，是基础教育过程均等的一种体现；同时，从另一个角度审视辍学率。

二、全国基础教育机会水平的变化趋势

1. 小学净入学率

本章使用国家统计局近20年的数据考察全国适龄儿童小学入学率的变化趋势（见图4－1）。

中华人民共和国成立以来，我国基础教育取得了巨大的成就，但由于基本国情是人口多，经济基础薄弱，城乡之间、地区之间、地区之间经济文化的发展不平衡，以及旧的文化传统观念的影响，导致教育领域存在城乡差别、沿海和发达地区与老少边穷地区的差别。但基于全国视角，在基础教育方面，义务教育逐渐普及。从图4－1可以观察到，全国学龄儿童小学净入学率水平整体来看是在逐年上升的。从1996年的98.8%增加到2015年的99.9%，接近100%，这也侧面反映了国家义务教育实施以来，

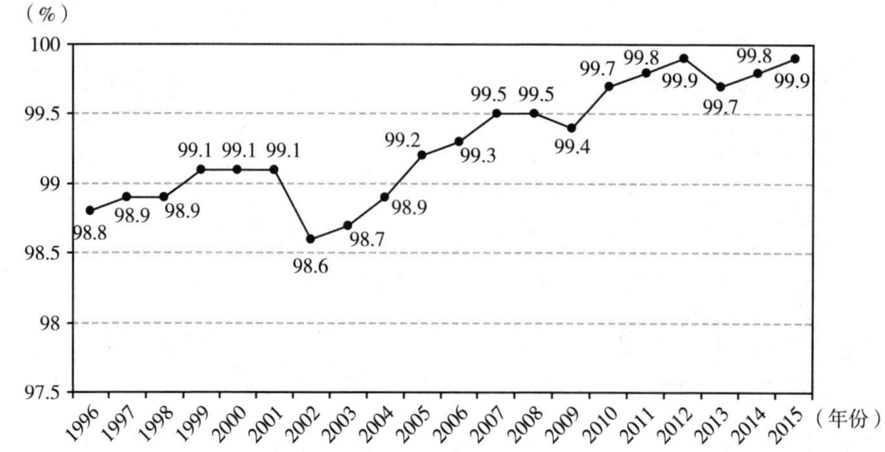

图 4－1　全国学龄儿童小学净入学率变化

资料来源：《中国统计年鉴》（1997～2016 年）。

全国各地落实的完善，基础教育的必要性深入人心。在基础教育的入学机会方面，国家的状况在不断改善，教育机会均等化水平逐步提升。

2. 小学升学率，初中升学率，高中升学率

图 4－2 和表 4－1 显示了近 20 年全国各阶段升学率的变化趋势。具体计算方式用该学年新一级的招生数除以上一级的毕业生数。升学率反映了

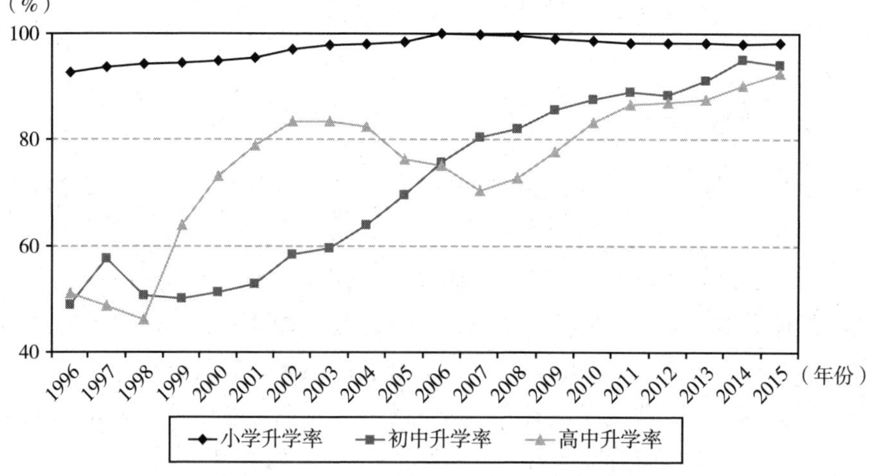

图 4－2　近 20 年全国各阶段升学率变化趋势

资料来源：《中国统计年鉴》（1997～2016 年）。

各个教育阶段的学生毕业后继续下一阶段教育的比例。其中小学升初中仍处于义务教育的阶段范畴之内，依照义务教育法，所有的小学毕业生都要继续接受初中阶段的教育。而完成小学、初中的九年义务教育后，初中升高中以及高中升大学这两个阶段都带有一定的选拔作用。尤其是高中升大学阶段，依据学者的研究，高中被认为是一个教育收益率很低的阶段，其主要作用就是为高考做铺垫。因此那些不准备接受大学教育的学生可能会选择在初中阶段辍学。

表4－1　近20年全国各阶段升学率变化趋势　单位：%

年份＼升学率	小学升学率	初中升学率	高中升学率
1996	92.6	48.8	51.0
1997	93.7	57.5	48.6
1998	94.3	50.7	46.1
1999	94.4	50.0	63.8
2000	94.9	51.2	73.2
2001	95.5	52.9	78.8
2002	97.0	58.3	83.5
2003	97.9	59.6	83.4
2004	98.1	63.8	82.5
2005	98.4	69.7	76.3
2006	100	75.7	75.1
2007	99.9	80.5	70.3
2008	99.7	82.1	72.7
2009	99.1	85.6	77.6
2010	98.7	87.5	83.3
2011	98.3	88.9	86.5
2012	98.3	88.4	87.0
2013	98.3	91.2	87.6
2014	98.0	95.1	90.2
2015	98.2	94.1	92.5

资料来源：《中国统计年鉴》（1997～2016年）。

具体梳理20年全国各阶段升学率的变化趋势。

首先看小学升初中阶段升学率，整体来看，近20年的小学升学率都保持在90%以上，前半段呈稳步上升的趋势，后半段2004年小学升学率增加到98%以上的水平后，基本保持稳定，仅有轻微波动，但升学率都稳定在98%以上，2006年，全国整体的小学升学率一度达到100%。

初中升高中阶段升学率有明显上升的过程，1996年初中升学率仅为48.8%，至2015年已经达到了94.1%，增长幅度达到了92.8%。1996～2007年，初中升学率经历了一个快速增长的阶段，2007～2015年增长速度放缓，2013年初中升学率超过了90%并呈现出继续增长的趋势。初中升学率的增长显示了1986年《中华人民共和国义务教育法》颁布实施之后，中国的义务教育快速发展的历程。

高中升学率反映了高中生升入大学的比例，高中升学率上升代表着接受高等教育的人群数量增加。近20年来高中升学率的整体趋势是增长的。1999年是一个明显的转折点，在这一年开始了大跃进式的扩招，每年增长40万～50万人，与此对应的是高中升学率的增长——从1998年的46.1%增长至1999年的63.8%，这一年的增长幅度就达到了38.4%。在1998～2006年，全国的高中升学率是显著高于初中升学率；2006年后，高中生升学率与初中升学率变化趋势相似，数值也详尽。这与学者关于高中教育收益率的研究结果相对应。在中国，如果不准备接受高等教育，高中教育的收益率很低，学生会选择在初中毕业辍学来实现个人收益最大化。而那些选择读高中的初中毕业生，大部分准备参加高考接受进一步的高等教育。因此就造成在初中升高中的升学率高于高中升学率的现象。筛选作用大部分发生在初中毕业。

3. 小学六年保留率、初中三年保留率、高中三年保留率

保留率即衡量完成本阶段教育的学生比例，同时也从侧面反映辍学率。保留率的计算方式是用该年份毕业生的数量除以这批毕业生入学时的数量。例如2014年的小学六年保留率的计算方式是用2014年的六年级学生数量除以2009年的一年级学生数量（2014年的六年级学生和2009年的一年级学生是同一批学生）。

从2009～2014年的小学初中保留率来看（见表4－2），义务教育阶段的辍学率有增长的趋势，这种现象与近年来农村地区儿童辍学率升高的现象有关。而与义务阶段相比，高中三年的保留率更高，这也与前面升学率

的表现相呼应。辍学现象多发生在初中升高中阶段，升入高中的学生是为了接受高等教育，在高中三年期间辍学率低于义务教育阶段。最新2014年的数据显示，小学六年保留率为80.71%，初中三年保留率为87.14%，高中三年保留率为94.1%。

表4-2　　2009～2014年全国各教育阶段保留率

	2009年	2010年	2011年	2012年	2013年	2014年
小学六年保留率	91.22	91.07	94.59	88.79	81.56	80.71
初中三年保留率	91.18	93.51	90.87	88.06	82.82	87.14
高中三年保留率	92.21	94.49	94.98	96.70	96.01	94.10

资料来源：《中国教育统计年鉴》（2010～2015年）。

三、京津冀三地基础教育机会水平的比较

要实现京津冀三地基础教育协同发展，首先要考虑的就是三地目前的基础教育水平。前面已从教育水平概况方面对京津冀三地的教育水平做了比较。这里，将从京津冀三地基础教育的机会水平来进行评估。

1. 小学净入学率

从净入学率的角度来看，三地与全国平均水平差异不大（见表4-3）。具体来说，2010～2014年，北京和天津的净入学率都维持在99.9%左右，虽然2010年和2014年略低，但与其他年份相差不大，属于稳定状态。北京和天津之间相比，两地小学净入学率比较接近，可认为无明显差异。而河北省的小学净入学率则表现出了明显的下降趋势，从2010年的99.8%至2014年的99.41%，下降了0.39个百分点。与北京、天津两地相比，河北的小学净入学率略低，且随着时间有差距拉大的趋势，2010年河北与北京两地小学净入学率的差值为0.16%，至2014年这一差距已增加到0.55%。小学净入学率的下降，意味着河北的基础教育机会均等化程度降低了，一些适龄儿童甚至没有机会接受最基础的小学教育，且这个群体的人数还在不断增加。而京津地区基础教育发展水平更好，教育机会均等化情况更为乐观，同时对义务教育法的贯彻落实更为彻底。但也有观点表

示，现在小学净入学率下降的现象是由于流动儿童导致的。随着农民工的迁移，城镇化建设加快，义务教育学生在这种背景下流动性不断增强，流动规模也逐年增大，因此学生个体的流动情况难以及时掌握。在这种情况下，采用原来的入学率计算方法计算得出的入学率可能是不科学的，不能反映实际情况。因此河北小学入学率下降的另一种解释是由于流动儿童数量的增长，流动儿童的实际受教育情况受到落后的监测手段的限制，无法得知其真实状况。而实际上他们可能在流动地处入学，从而降低了流出地的净入学率。而北京、天津两地作为流动人口的流入地，不存在流动儿童对净入学率的影响问题，因此造成了小学入学率的实际差异。

表 4-3　　小学净入学率　　单位：%

地区	2010 年	2011 年	2012 年	2013 年	2014 年
全国	99.70	99.80	99.90	99.70	99.80
北京	99.96	99.99	99.99	99.99	99.96
天津	99.79	100.00	100.00	100.00	99.38
河北	99.80	99.89	99.78	99.59	99.41

资料来源：《中国教育统计年鉴》（2011～2015 年）。

2. 小学升学率，初中升学率

通过比较京津冀三地的升学率考察教育均等化的发展情况。这部分所用数据主要通过选取 2006～2014 年的《中国教育统计年鉴》的相关数据计算所得。计算方式如下：

小学毕业生升学率 = 该学年初一年级学校招生数/该学年小学毕业生总数 ×100%

初中毕业生升学率 = 该学年高一年级学校招生数/该学年初中毕业生总数 ×100%

由于数据来源口径不同，本部分与本章第二大部分不具有可比性。这部分仅考察小升初升学率以及初升高升学率，这里的高中是指普通高中，不包括中专以及职业技术学校等。

（1）小学升学率。

从表 4-4 和图 4-3 中可以看出，2006～2014 年京津冀三地的小学升学率趋势各不相同。

表 4－4　　2006～2014 年京津冀小学升学率　　单位：%

地区		2006 年	2007 年	2008 年	2009 年	2010 年	2011 年	2012 年	2013 年	2014 年
北京	总体	99.89	99.55	95.73	95.66	99.42	98.92	98.72	95.44	91.05
	城镇	105.72	101.79	98.12	98.38	101.58	101.38	101.15	96.88	92.31
	农村	67.51	82.3	79.19	73.89	81.13	63.92	62.89	65.93	66.67
天津	总体	98.3	93.92	95.46	95.19	96.22	97.64	96.88	99.65	98.04
	城镇	100.53	100.57	99.7	98.5	99.38	97.52	97.19	99.6	99.2
	农村	86.35	67.75	89.16	85.25	83.64	62.43	60.23	61.67	51.74
河北	总体	99	99.82	99.85	99.96	99.97	99.24	97.69	93.27	99.06
	城镇	137.57	134.09	131.04	133.78	130.42	124.98	126.11	121.68	120.4
	农村	63.06	57.98	54.55	51.33	50.95	47.01	44.09	39.2	47.45

资料来源：《中国教育统计年鉴》（2007～2015 年）。

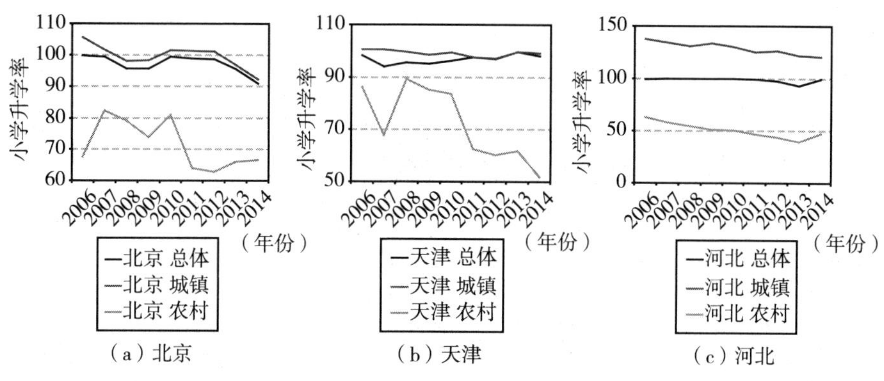

图 4－3　京津冀小学升学率

资料来源：《中国教育统计年鉴》（2007～2015 年）。

北京地区的小学升学率呈现逐年下降的趋势，从 2006 年的 99.89% 下降至 2014 年的 91.50%，下降了 8.39 个百分点。其中，北京总体的小学升学率增减趋势与北京城镇地区小学升学率变化情况基本相同。结合第二章中学生数量的结果，北京地区学生数量主要集中在城镇地区的特点，可解释升学率受城镇地区影响更大。

小学升学率的下降与北京地区严苛的入学政策相关。小学升学率的下降主要受计划招生名额与流动儿童两方面的影响。第一，地区初中的计划招生名额减少。随着撤点并校的施行，学校数量减少，而教学质量的要求又使得中学扩招不切实际，招生数量受到学校数量的限制。第二，流动儿童选择回乡就读致使实际招生名额减少。近年来随着北京地区户籍制度的完善，对于流动儿童就读的要求越发严苛，入学难问题也更加严重。在这种情况下，流动儿童回乡就读比例增加，造成升学率下降。

北京城镇与农村之间相比，小学升学率也存在着明显的差距，2014 年北京城镇地区小学升学率为 92.31%，而北京农村地区仅为 66.67%，低于城镇约 25.64%。这体现了教育机会在城乡之间的差距。城市与农村之间的贫富差距，经济发展的不平衡，文化氛围的差异，造成了城乡之间升学率的巨大差别。即使在北京这样的发达城市，也存在着由于经济发展不平衡导致的教育发展失衡。居住在偏远农村的儿童入学更加困难，面临更大的失学风险，学生流失较城市更为严重。同时，公共财政的支持方面也有差距。这些都造成了教育机会在城乡之间的不均衡。

天津的总体小学升学率则呈现出稳中有升的趋势，从 2006 年到 2007 年出现了显著下降，从 2006 年的 98.3% 下降至 2007 年的 93.92%，但 2007 年之后基本保持着稳步上升，至 2014 年达到 98.04%。与北京类似，天津总体小学升学率的变化也受城镇地区影响更大，从图 4－3 中可以看出，天津总体小学升学率和城镇升学率变化曲线更为接近。但城镇小学升学率与总体小学升学率不同的是，以 2011 年为分界点，城镇基本体现了一个先下降后上升的趋势。结合农村小学升学率在 2011 年前较高、2011 年后较低的事实，可以得出结论：天津总体的小学升学率在 2011 年之前，受到农村地区小学较高升学率的影响，稳步增加；在 2011 年之后，受到递增的城镇升学率影响，继续上升。

天津城镇与农村相比，小学升学率也存在着明显的差距。2014 年天津城镇地区小学升学率为 99.2%，而天津农村地区仅为 51.74%，低于城镇约 47.46%。

比较北京和天津两地的小学升学率，总体来看，北京的小学升学率略高于天津；分城镇农村来看，北京的小学升学率与天津基本保持一致，无明显差别。

河北的总体小学升学率呈现出逐渐下降的趋势，从 2006 年开始逐年下降，至 2013 年达到最低点 93.27%，之后 2014 年又有回升，回到了 99% 以上，当年升学率为 99.06%。与北京、天津两地不同，北京的总体小学升学率同时受城镇和农村两地影响，其中受农村地区小学升学率影响明显。河北的城镇与农村之间小学升学率存在着明显的差距，2014

年河北城镇地区小学升学率达到120.4%，农村地区仅为47.45%，差距达到72.95%。且比较近年的数据，可以发现城乡之间的小学升学率差距逐渐扩大。

与北京、天津两地相比，河北的小学升学率具有城镇明显高于农村的特点。2006～2014年河北城镇地区的升学率均高于120%，显著高于北京、天津。与城镇地区相对应的是，农村地区升学率大部分低于60%，明显低于北京、天津。除去城乡差距拉大对小学升学率的影响外，农村学生向城镇地区的转移也促进了这种变化趋势。河北地区户籍制度与北京、天津相比较为宽松，省内流动就学更为容易，农村学子升学机会少，选择向城镇地区的转移也是教育机会均等化的一种有效途径。

（2）初中升学率。

普及高中教育的一个基本条件是初中毕业生的升学率要达到较高的水平。按照我国现在的分类，高中阶段教育包括普通高中和中等职业教育，其中中等职业教育又分为中等专业教育、职业高中、成人中等专业学校和技工学校。本书考察的初中升学率是指升普通高中的比例（见表4－5）。

表4－5　2006～2014年京津冀初中升学率

单位：%

地区		2006年	2007年	2008年	2009年	2010年	2011年	2012年	2013年	2014年
北京	总体	61.46	65.87	65.33	64.83	64.95	65.68	66.18	64.94	61.27
	城镇	80.22	78.48	75.5	74.42	74.55	74.29	73.2	71.06	67.12
	农村	15.75	29.78	30.77	27.66	26	23.75	23.88	28.07	23.08
天津	总体	54.71	59	59.8	62.85	66.42	67.07	68.97	69.13	68.89
	城镇	73.22	74.53	76.3	84.68	86.24	81.09	82.11	80.13	79.87
	农村	30.94	32.65	33.33	32.7	33.6	17.61	15.79	17.35	13.92
河北	总体	37.36	39.24	42.6	45.14	47.92	52.86	54.63	56.24	63.45
	城镇	84.85	87.81	86.26	85.77	81.77	83.47	83.65	82.37	84.26
	农村	5.85	6.9	8.81	8.88	8.34	7.74	7.71	10.79	15.15

资料来源：《中国教育统计年鉴》（2007～2015年）。

从总体来看，北京初中的升学率是比较稳定的。2006年北京总体的初中升学率为61.46%；2007～2013年这段时间，北京总体初中升学率始终保持在65%左右；2014年有回落，下降至61.27%。

与总体相比，北京分城镇、农村的升学率变化趋势更为明显。近年来，北京城镇初中升学率持续下降，从2006年的80.22%下降至67.12%。

这种变化与前面提到的流动人口有关。北京作为流动人口聚集最多的城市之一，在教育统计方面也受到流动人口的诸多影响。由于户籍的限制，流动人口的子女不能在京参加高考，许多流动儿童选择回乡接受高中教育。第二章关于学生数的统计分析发现，高中阶段非京籍学生比例较小学与初中阶段锐减，2014 年高中阶段非京籍学生比例仅为小学、初中的 1/3 甚至 1/4 左右。这种社会现象导致北京城镇地区高中升学率递减。同时也是北京城镇升学率低于天津、河北城镇地区的原因。与城镇相比，北京农村地区初中升学率要低很多。2014 年北京城镇初中升学率为 67.12%，农村为 23.08%，相差 44.04%。考虑城乡升学率差距随时间变化的趋势，可以发现随城镇升学率的下降和农村升学率的上升，两者之间有缩小的趋势——这可以归因于教育机会均等化的发展。

与北京地区不同，天津的初中升学率总体呈现出上升的趋势。从图 4－4 中可以看到，天津的总体初中升学率 9 年间逐年上升，从 2006 年的 54.71% 上升到 2014 年的 68.89%。在两地截然不同的变化趋势的作用下，2010 年开始，天津的总体初中升学率超过了北京。在城乡升学率差距方面，天津与北京相似，天津城镇与农村之间的初中升学率也存在显著的差距，且差距在逐年扩大，到 2014 年城乡差值达到 64.95 个百分点。天津的城乡初中升学率差距大于北京。这种巨大的差距与计算初中升学率的方式有关——本章仅考虑升入普通高中的升学率，但实际上农村地区的部分初中生可能接受了中等职业教育，造成本研究计算得出的升学率偏低。但

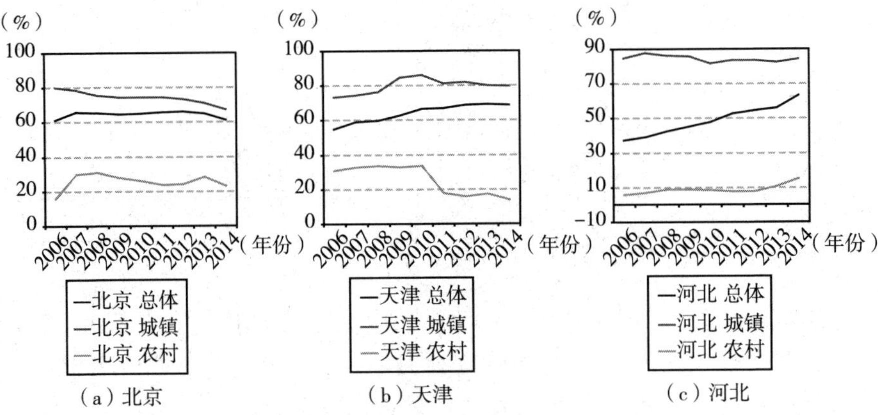

（a）北京　（b）天津　（c）河北

图 4－4　2006～2014 年京津冀初中升学率

资料来源：《中国教育统计年鉴》（2007～2015 年）。

这也体现了基础教育机会不均等的另一种表现形式——城乡之间接受高中教育的类型差距。

河北的总体初中升学率情况比较乐观，上升趋势明显。2014 年河北总体初中升学率已达到 63.45%，与 2006 年的 37.36% 相比上升了 26.09 个百分点，与北京、天津的总体初中升学率水平相差无几。但分城镇、农村来看，河北初中升学率的城乡差距更加明显。虽然农村地区的初中升学率从 2006 年的 5.85% 增长到了 2014 年的 15.15%，但 2014 年农村与城镇之间的差距 69.11% 仍差距巨大。与北京、天津两地相比，河北的城镇初中升学率更高，农村初中升学率更低，体现了教育机会水平的不均衡状态。其中，河北城镇初中升学率更高的现象与河北地区户籍政策宽松、流动人口较北京天津两地较少的现象密切相关。

3. 小学六年保留率、初中三年保留率、高中三年保留率

这部分通过小学六年保留率、初中三年保留率、高中三年保留率三个指标来衡量京津冀三地各阶段教育的完成情况，进而考察三地教育机会均等化水平（见表 4 -6）。

表 4 -6　京津冀三地各教育阶段保留率　单位：%

	地区	2009 年	2010 年	2011 年	2012 年	2013 年	2014 年
小学六年保留率	全国	91.22	91.07	94.59	88.79	81.56	80.71
	北京	124.55	136.62	152.17	147.28	103.01	94.04
	天津	88.73	89.99	95.29	91.86	87.99	78.25
	河北	99.23	102.03	110.77	106.87	92.75	85.46
初中三年保留率	全国	91.18	93.51	90.87	88.06	82.82	87.14
	北京	115.93	90.72	92.58	90.48	92.50	99.11
	天津	89.93	91.95	91.18	92.54	96.55	101.69
	河北	81.84	81.34	87.81	92.64	83.47	95.31
高中三年保留率	全国	92.21	94.49	94.98	96.70	96.01	94.10
	北京	89.97	92.50	94.04	98.19	96.51	97.20
	天津	96.48	94.38	105.41	100.49	98.39	96.38
	河北	86.00	94.04	94.56	91.13	86.34	88.67

资料来源：《中国教育统计年鉴》（2010 ~2015 年）。

首先看小学六年保留率情况。从 2009 年至 2014 年，京津冀三地的小

学六年保留率都呈现出下降的趋势。相比之下，北京小学保留率下降幅度最大，从 2009 年的 124.55% 下降至 2014 年的 94.04%，下降了 30.51%；河北次之，小学保留率从 2009 年的 99.23% 下降至 2014 年的 85.46%，下降了 13.77%；天津保留率从 2009 年的 88.73% 下降至 2014 年的 78.25%，下降了 10.48%。但整体而言，天津的小学六年保留率最低。小学六年保留率衡量了完成完整小学六年教育的学生比例，保留率高说明该地学生教育完成度较好，也从侧面说明该地辍学率低。所以根据以上情况可以推断，在小学六年的教育过程中，天津的教育机会不平等更为严重，相比北京天津地区有更多的学生未完成规定年限教育就退出了学校；京津冀三地中，北京地区的小学六年保留率最高，2014 年为 94.04%，说明在小学阶段北京市的义务教育贯彻落实情况更好，大部分小学生有平等的机会接受六年小学教育。值得一提的是，在 2009 年至 2013 年期间，北京地区小学六年保留率的值超过了 100%，这种情况的出现可以用流动人口来解释。根据保留率的计算方法，2009 年保留率的计算对象是 2003 年的入学儿童，2013 年保留率的对象则是 2007 年的入学儿童。在这些批次儿童接受小学教育期间，北京还未进行撤点并校，户籍制度不像近些年来这样严格，流动儿童转入北京当地小学还比较容易。因此，随着流动人口的大量涌入，流动儿童在北京插班入学，造成小学六年保留率高于 100%。

关于初中三年保留率，2009 年数据衡量的是 2006 年度入学的初中生三年教育完成度情况，2010 年则是衡量 2007 年度入学的初中生，以此类推。就变化趋势来说，京津冀三地初中三年保留率都在震荡上升，虽然在个别年份有不同程度的回落，如北京的 2010 年和 2012 年、天津的 2011 年以及河北的 2013 年，但整体趋势是在增长。就增长幅度来看，河北保留率的增长幅度最高，从 2009 年 81.84% 增长至 2014 年的 95.31%，增长了 13.47%；天津次之，初中三年保留率从 2009 年 89.93% 增长至 2014 年的 101.69%，增长了 11.76%；北京初中三年保留率从 2010 年的 90.72% 增长至 2014 年的 99.11%，增长了 8.39%，但与 2009 年的 115.93% 相比，是有下降的。整体来说，北京和天津两地的初中保留率较为接近，显著高于河北地区。在初中三年的教育过程中，河北的教育机会不平等现象更为严重，但从变化趋势上可以看出，河北与其他两地的差距在不断缩小。

高中三年保留率的计算方法与初中三年类似。2009 年数据衡量的是 2006 年度入学的高中生三年教育完成度情况，2010 年则是衡量 2007 年度入学的高中生，以此类推。在近年来高中三年保留率的变化趋势方面，京津冀三地有所不同。北京高中保留率整体呈现出增长趋势，从 2009 年的 89.97% 到 2014 年的 97.2%，增长了 7.23%；天津近六年保留率不太稳定，但大部分年份都保持在 96% 以上；河北略有上升，但仅比较 2014 年和 2009 年的结果看，只增加了 2.67%，增长幅度不大。从整体来看，天津的高中三年保留率最高，北京次之，但与天津差距不大，河北则显著低于北京、天津两地。

分别比较各地小学、初中、高中不同阶段的保留率可以发现，北京地区的小学六年保留率指标表现最好，初中和高中次之，但三个阶段的保留率基本都保持在 90% 以上，各阶段教育完成度都很好。天津地区的高中三年保留率表现最好，大部分稳定在 95% 之上，初中次之，相比之下小学阶段表现较差，与初高中阶段差距较大；河北省保留率表现最好的则是义务教育的基础——小学阶段，高中次之，初中保持率最差。综合京津冀三地的情况可以发现，义务教育中的初中阶段是学生完成度较差的一个阶段，很大比例的退学、辍学行为可能发生在这个阶段。以往研究表明，初中二年级是农村儿童辍学比例较高的一个阶段，也印证了保留率表现的结果。

综合以上几个指标，我们发现，河北小学净入学率水平较低，而北京小学、初中升学率受到流动人口影响，较天津、河北更低。在各教育阶段保留率方面，河北表现较差。这一方面体现了河北在教育机会方面与京津相比的弱势地位，另一方面也体现出有限的优质教育资源和教育机会均等的博弈。在北京地区城乡升学机会差距较小，表现出了较高的教育机会均等水平。

京津冀基础教育投入水平的比较

“百年大计，教育为本，”——教育是提高人力资源水平的基石，也是国家经济建设、发展的重要基础。教育于整个国家来说，是具有全局性、先导性作用的基础产业。一个国家的教育水平反映了其未来生产力的发展水平，进而决定了社会的进步和文明的提高。提高国家教育水平离不开教育投入的有力支持。

2010 年的国务院常务会议审议并通过了《国家中长期教育改革和发展规划纲要（2010—2020）》（以下简称《纲要》），《纲要》指出：“教育投入是支撑国家长远发展的基础性、战略性投资，是教育事业的物质基础，是公共财政的重要职能。”

京津冀三地教育协同发展，其基础在于教育投入的均衡。三地财政水平、对教育的重视程度不同，历年来对教育的投入也有差别。本章将从京津冀三地基础教育的财力和物力方面考察三地各方面教育资源的投入状况。

一、京津冀三地教育财力资源投入

教育财力资源，主要指教育经费投入，即实际用于教育的费用，主要来自于中央和地方政府。教育经费是教育投入的基础，任何的教育活动都无法离开人力、物力和财力的支持，而它们的货币表现就是教育经费。一方面，学校的基本建设、教学设备的配备、合格师资的聘请离不开教育经费的投入；另一方面，九年义务教育质量的保障、贫困学生所需的资助和借贷也与教育经费息息相关。

下面将从教育经费的收入和支出两个角度来比较三地的教育投入水平。

1. 教育经费收入

我国教育经费的来源是实行以国家为负担主体的多层次、多渠道的集资方式。经费来源主要有以下渠道：中央财政的拨款，省、市、县各级地方政府的财政拨款；企事业单位支出的教育经费；教育费附加的征收；社会力量资助的教育经费；家庭负担的教育费用；学校勤工俭学的收入等。

《纲要》关于教育经费投入指出："要健全以政府投入为主、多渠道筹集教育经费的体制，大幅度增加教育投入；各级政府要优化财政支出结构，统筹各项收入，把教育作为财政支出重点领域予以优先保障；提高国家财政性教育经费支出占国内生产总值比例，2012 年达到 4%。"基于国家财政性教育经费支出对地区教育经费投入起着决定性作用的状况，研究中将考察京津冀三地近年来的财政性教育经费收入以及其财政性教育经费占地区生产总值的比例。

义务教育的均衡发展离不开教育经费投入的均衡，从教育经费收入这一指标来观察，京津冀三地均呈现出教育投入逐年增长、财政性教育经费收入占比逐年增加的趋势（见表 5－1、图 5－1）。

表 5－1　2003～2014 年教育经费收入和财政性教育经费收入　单位：亿元

教育经费收入												
地区	2003 年	2004 年	2005 年	2006 年	2007 年	2008 年	2009 年	2010 年	2011 年	2012 年	2013 年	2014 年
北京	392.88	449.26	522.72	629.88	762.79	883.83	970.97	1175.65	1468.02	1615.44	1772.18	1930.58
天津	111.86	123.97	147.99	163.33	191.23	235.91	271.05	337.44	470.29	566.28	636.53	708.66
河北	232	270.09	324.94	362.73	447.13	569.13	627.72	736.84	862.24	1063.37	1050.52	1104.11
财政性教育经费收入												
地区	2003 年	2004 年	2005 年	2006 年	2007 年	2008 年	2009 年	2010 年	2011 年	2012 年	2013 年	2014 年
北京	252.34	298.35	335.75	410.45	502.09	626.89	698.15	889.08	1109.35	1263.59	1383.89	1524.41
天津	69.11	78.16	89.56	106.8	127.62	166.99	198.65	257.23	375.45	476.59	542.65	603.21
河北	148.15	175.48	212.69	240.69	313.95	423.27	476.56	576.25	694.56	884.03	866.39	905.27

资料来源：《中国统计年鉴》《中国教育经费统计年鉴》（2004～2015 年）。

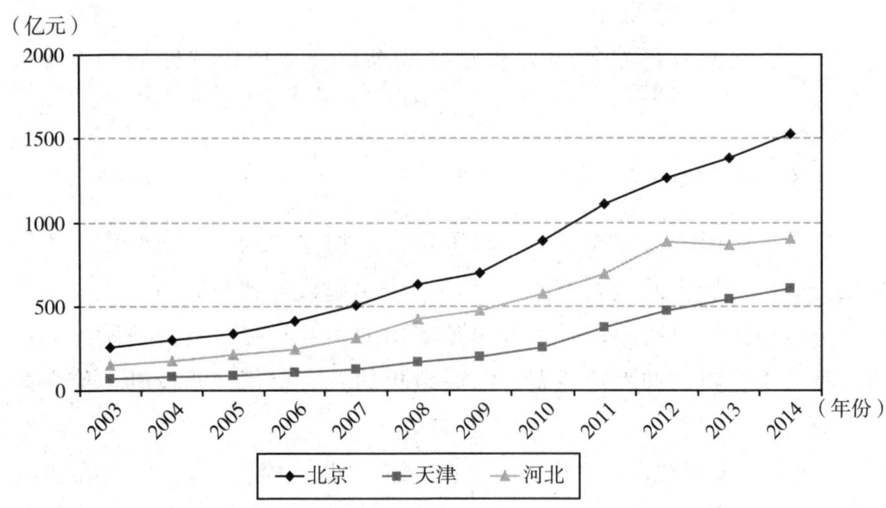

图 5－1　2003～2014 年财政性教育经费收入

资料来源：《中国统计年鉴》《中国教育经费统计年鉴》（2004～2015 年）。

2014 年，北京教育经费收入总值为 1930. 58 亿元，其中 78. 96% 为财政性教育经费收入；同年，天津教育经费收入总值为 708. 66 亿元，其中 85. 12% 为财政性教育经费收入；河北 2014 年教育经费收入总值为 1104. 11 亿元，其中财政性教育经费收入占比为 81. 99%。从教育经费收入总值来看，北京最高，河北次之，天津居末；从财政性教育经费收入占教育经费总收入比重的角度看，天津最高，河北次之，北京最低。这反映出北京、河北的教育经费收入具有多样性，除财政投入教育经费之外，其他教育经费收入也在两地的教育投入方面承担着重要作用。

从 2003 年至 2014 年，京津冀三地的财政性教育经费收入同样保持增长。北京 2003 年财政性教育经费收入为 252. 34 亿元，至 2014 年增长至 1524. 41 亿元，增长了约 6. 04 倍；天津 2003 年财政性教育经费收入为 69. 11 亿元，至 2014 年增长至 603. 21 亿元，增长约 8. 73 倍；河北 2003 年财政性教育经费收入为 148. 15 亿元，至 2014 年增长至 905. 27 亿元，增长约 6. 11 倍。总体来说，北京市财政性教育经费收入水平远高于天津、河北，2014 年分别高出 921. 2 亿元和 619. 14 亿元。

京津冀三地财政性教育经费占地区生产总值的比例总体呈现出增长趋势（见表 5－2、图 5－2）。

表 5－2　2003～2014 年财政性教育经费分别占教育经费投入和 GDP 的比重

单位：%

财政性教育经费/教育经费投入

地区	2003 年	2004 年	2005 年	2006 年	2007 年	2008 年	2009 年	2010 年	2011 年	2012 年	2013 年	2014 年
北京	64. 23	66. 41	64. 23	65. 16	65. 82	70. 93	71. 9	75. 62	75. 57	78. 22	78. 09	78. 96
天津	61. 78	63. 05	60. 52	65. 39	66. 74	70. 78	73. 29	76. 23	79. 84	84. 16	85. 25	85. 12
河北	63. 86	64. 97	65. 46	66. 36	70. 22	74. 37	75. 92	78. 21	80. 55	83. 13	82. 47	81. 99

财政性教育经费/GDP

地区	2003 年	2004 年	2005 年	2006 年	2007 年	2008 年	2009 年	2010 年	2011 年	2012 年	2013 年	2014 年
北京	5. 04	4. 95	4. 82	5. 06	5. 1	5. 64	5. 74	6. 3	6. 83	7. 07	6. 99	7. 15
天津	2. 68	2. 51	2. 29	2. 39	2. 43	2. 49	2. 64	2. 79	3. 32	3. 7	3. 76	3. 84
河北	2. 14	2. 07	2. 12	2. 1	2. 31	2. 64	2. 76	2. 83	2. 83	3. 33	3. 05	3. 08

资料来源：《中国统计年鉴》《中国教育经费统计年鉴》（2004～2015 年）。

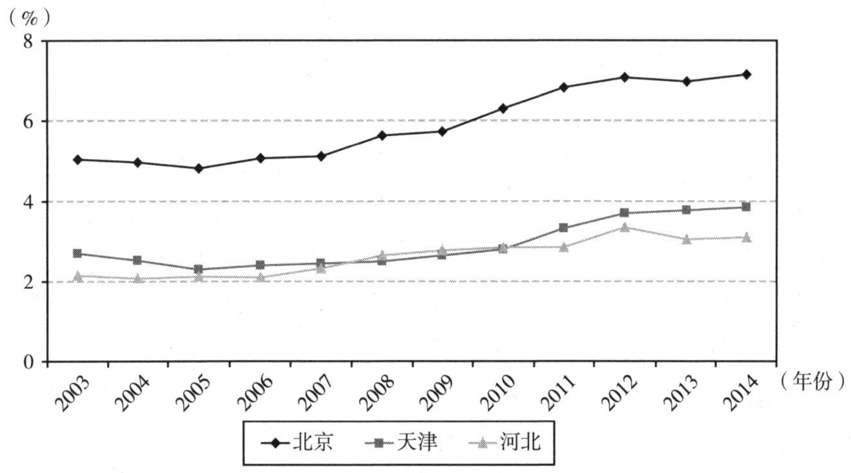

图 5－2　2003～2014 年财政性教育经费占 GDP 的比重

资料来源：《中国统计年鉴》《中国教育经费统计年鉴》（2004～2015 年）。

结合《纲要》中财政性教育经费支出占 GDP 4% 的目标，京津冀三地之间还存在一定的差距。北京财政性教育经费占 GDP 比重早在 2003 年就超过了 4%，达到了 5. 04%，此后在 2003～2007 年，财政性教育经费占 GDP 比重也基本保持在 5% 水平上下，较为平稳；2007 年后有了明显的增长趋势，至 2014 年北京市财政性教育经费占 GDP 比重已达到了 7. 15%。与北京相比，天津和河北财政性教育经费占比要低。2003 年天津和河北的财政性教育经费占 GDP 的比重分别为 2. 68% 和 2. 14%，分别比北京低

2.36%和2.9%。2003~2010年，天津和河北财政性教育经费占GDP的比重较为接近，2010年国务院提出了4%的目标之后，天津财政性教育经费比重增长速度加快，逐渐与河北拉开距离，但与北京的差距进一步加大。至2014年，天津达到了3.84%的水平，与4%的目标差距缩小至0.16%，与北京相比低了3.31%；而河北仅为3.08%，与4%的目标差距为0.92%，与北京相比低了4.07%。

财政性教育经费收入反映了各地区对教育事业的重视程度，结合财政性教育经费收入占教育经费总收入比重、财政性教育经费收入占地区GDP比重，我们可以得出结论，京津冀三地中经济最为发达的北京对教育更加重视，教育经费来源多样化程度更高。而天津、河北地区相比北京经济发展较为落后，教育投资相对较低，教育经费来源也相对比较单一，更加依赖国家财政投入的支持。

2. 教育经费支出

从教育经费支出的角度考察京津冀三地的教育投入水平，着重于教育经费支出中教育事业性经费支出的个人部分和公用部分两个指标。其中，个人部分是指相关人员经费支出，包括教师的基本工资、补助工资、其他工资，员工福利费以及社会保障费用等；公用经费包括经常性公用经费与资本性公用经费，按照相关文件规定，具体支出范围涵盖教学业务与管理、教师培训、教学实验、文体活动、水电、取暖、交通差旅、邮电、仪器设备及图书资料购置、房屋及仪器设备的日常维修维护等。公用经费支出是义务教育学校运转水平的直接表征，与教育教学的质量密切相关。

（1）小学阶段教育经费支出。京津冀三地小学阶段教育经费支出都呈现出个人部分占教育经费总支出比例下降，公用部分占教育经费总支出比例上升的趋势，即三地实际用于学校运转的经费数量和比例都在上升（见表5-3）。2014年，河北教育经费总支出值为0.34亿元，为三地最高；北京教育经费总支出值次之，约为0.26亿元；天津最末，为0.12亿元。同年，比较三地教育经费支出中公用部分支出值，北京约为0.13亿元，居首；河北次之，为0.12亿元；天津最低，约为0.04亿元。从公用部分占比的角度看，北京公用部分占比最高，达到48.05%；天津次之，为35.46%；河北最低，为33.74%。从小学阶段教育经费支出的情况看，北京不论教育经费公用部分投入还是公用部分占比，都高于津冀两地。

表 5－3　　　　　2005～2014 年京津冀三地小学阶段教育经费支出

北京

项目	2005 年	2006 年	2007 年	2008 年	2009 年	2010 年	2011 年	2012 年	2013 年	2014 年
总支出（亿元）	4573397	5089087	7221816	8854442	10212670	12549505	16042363	18236329	21979065	26336533
个人部分（亿元）	3090523	3458447	4185077	5100390	5857691	7027655	8477409	10203163	10753817	13552394
个人部分占比(%)	67. 58	67. 96	57. 95	57. 6	57. 36	56	52. 84	55. 95	48. 93	51. 46
公用部分（亿元）	1353628	1532640	2651218	3587322	3990411	4990948	7192507	7883773	11065684	12655488
公用部分占比(%)	29. 6	30. 12	36. 71	40. 51	39. 07	39. 77	44. 83	43. 23	50. 35	48. 05

天津

项目	2005 年	2006 年	2007 年	2008 年	2009 年	2010 年	2011 年	2012 年	2013 年	2014 年
总支出（亿元）	2213913	2442459	3012722	4121143	5281705	6413813	8354176	9471379	10410174	11546483
个人部分（亿元）	1747971	1975075	2411892	3231210	4302330	5113748	5786793	6020523	6382883	7452256
个人部分占比(%)	78. 95	80. 86	80. 06	78. 41	81. 46	79. 73	69. 27	63. 57	61. 31	64. 54
公用部分（亿元）	432315	426900	535244	872600	979375	1264995	2520841	3214897	3915906	4094227
公用部分占比(%)	19. 53	17. 48	17. 77	21. 17	18. 54	19. 72	30. 17	33. 94	37. 62	35. 46

河北

项目	2005 年	2006 年	2007 年	2008 年	2009 年	2010 年	2011 年	2012 年	2013 年	2014 年
总支出（亿元）	8715806	9563088	12314736	15989137	18452816	22333412	26392974	30396306	31850503	34362083
个人部分（亿元）	6636208	7506905	9553592	12333749	13832581	16047053	17196781	19641155	20709930	22669386
个人部分占比(%)	76. 14	78. 5	77. 58	77. 14	74. 96	71. 85	65. 16	64. 62	65. 02	65. 97
公用部分（亿元）	1896538	1934316	2732345	3641033	4451312	6034524	8917517	10401426	10973146	11593950
公用部分占比(%)	21. 76	20. 23	22. 19	22. 77	24. 12	27. 02	33. 79	34. 22	34. 45	33. 74

注：个人部分占比为教育经费总支出中个人部分比重；公用部分占比为教育经费总支出中公用部分比重。

资料来源：《中国教育经费统计年鉴》（2006～2015 年）。

从生均教育经费支出的角度看，三地的教育经费支出同样保持增长。与教育经费总值有所不同的是，结合当地学生数，京津冀三地教育经费支出可以直接比较，三地支出水平存在巨大差距。如表 5－4 和图 5－3 所示，10 年间北京市生均教育经费总支出增长速度最快，天津次之，河北最慢。

2014 年，北京生均教育经费支出达到了 34876.71 元；天津为 20880.98 元，与北京相比低 13995.73 元；河北 2014 年生均教育支出为 6463.25 元，与天津相比低 14417.73 元。生均教育经费支出中的公用部分变化趋势与总值相同，三地相比较北京增长速度最快，天津次之，河北最慢。2014 年，北京生均教育经费支出公用部分达到 16650.92 元，为三地最高，是同年天津的 2.25 倍，河北的 7.69 倍；同年天津市生均公用部分支出为 7401.48 元，河北 2166.37 元。

表 5-4　2005～2014 年地方普通小学——生均教育经费支出　单元：元

地方普通小学——生均教育经费支出（总）										
地区	2005 年	2006 年	2007 年	2008 年	2009 年	2010 年	2011 年	2012 年	2013 年	2014 年
北京	7100.98	7985.58	10684.09	13652.49	16061.18	19762.13	24920.45	27159.87	31501.72	34876.71
天津	4294.73	4809.81	5703.36	7758.47	10320.17	12688.51	16497.38	18238.34	19457.87	20880.98
河北	1764.47	2076.93	2680.71	3499.65	3953.45	4627.01	5228.62	5734.52	5948.77	6463.25
地方普通小学——生均教育经费支出（公用部分）										
地区	2005 年	2006 年	2007 年	2008 年	2009 年	2010 年	2011 年	2012 年	2013 年	2014 年
北京	2084.4	2397.88	3871.43	5458.79	6173.73	7668.08	11076.69	11529.85	15840.03	16650.92
天津	837.3	840.88	987.52	1613.5	1857.05	2442.29	4928.31	6176.11	7305.85	7401.48
河北	383.94	420.1	583.99	787.08	942.41	1240.2	1760.13	1948.34	2043.39	2166.37

资料来源：《中国教育经费统计年鉴》（2006～2015 年）。

（亿元）

北京——生均教育经费总支出　天津——生均教育总支出
河北——生均教育总支出　北京——生均教育支出公用部分
天津——生均教育支出公用部分　河北——生均教育支出公用部分

（年份）

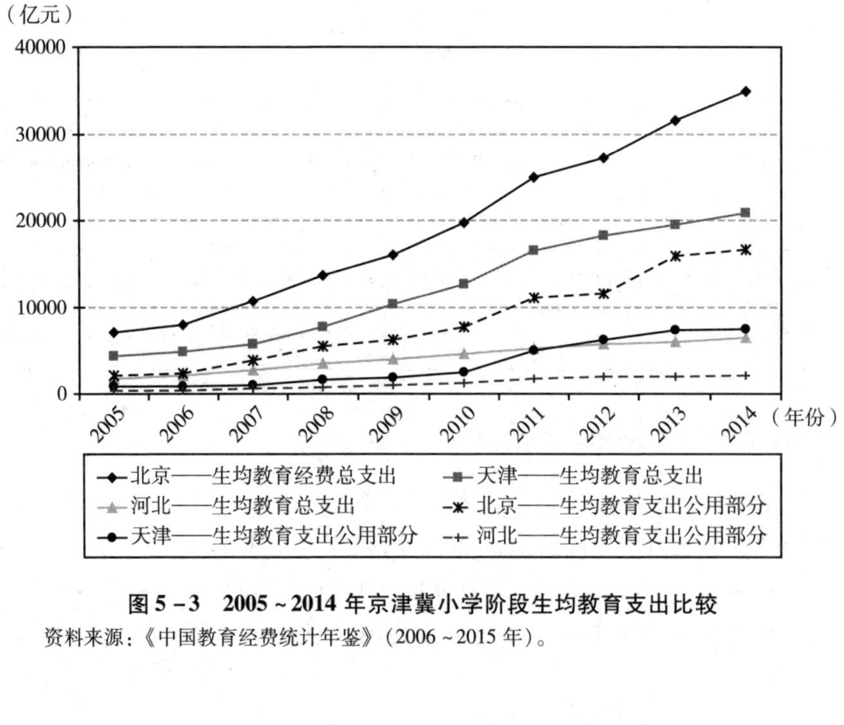

图 5-3　2005～2014 年京津冀小学阶段生均教育支出比较

资料来源：《中国教育经费统计年鉴》（2006～2015 年）。

（2）初中阶段教育经费支出。从初中阶段教育经费总支出的角度看，京津冀三地的初中阶段教育经费支出均低于小学阶段（见表 5 -5）。2014 年，北京教育经费总支出为 0. 17 亿元，天津为 0. 08 亿元，河北为 0. 19 亿元，分别低于同年三地小学阶段的教育经费总支出 0. 26 亿元、0. 12 亿元和 0. 34 亿元。但在教育经费支出中公用部分的比例方面，初中阶段与小学阶段接近，2014 年京津冀三地教育经费总支出中公用部分的比例分别为 43. 79%、34. 53% 和 33. 57%。对于初中阶段教育经费支出，仍是北京在公用部分的总额和占比两方面都遥遥领先。

表 5 -5　2005 ~2014 年京津冀三地初中阶段教育经费支出　单位：亿元

北京										
项目	2005 年	2006 年	2007 年	2008 年	2009 年	2010 年	2011 年	2012 年	2013 年	2014 年
总支出	3369859	4490710	5899607	6500442	7575589	9565790	11486606	12550622	14609907	16714384
个人部分	2092024	2519046	2919801	3542043	4155552	4838221	5935965	6993728	7279019	8898934
个人部分比例（%）	62. 08	56. 09	49. 49	54. 49	54. 85	50. 58	51. 68	55. 72	49. 82	53. 24
公用部分	1207293	1571984	2609253	2699291	2878813	3495857	4627473	4751084	6615470	7319725
公用部分比例（%）	35. 83	35. 01	44. 23	41. 52	38. 00	36. 55	40. 29	37. 86	45. 28	43. 79
天津										
项目	2005 年	2006 年	2007 年	2008 年	2009 年	2010 年	2011 年	2012 年	2013 年	2014 年
总支出	1462550	1744395	2258881	2887649	3920900	4968745	6029931	6978049	7565893	7944051
个人部分	1083897	1235935	1686579	2192652	2960635	3507998	3968860	4191381	4471429	5238582
个人部分比例（%）	74. 11	70. 85	74. 66	75. 93	75. 51	70. 6	65. 82	60. 07	59. 1	65. 94
公用部分	345129	446749	542826	689062	960265	1435368	1930492	2543128	2777138	2666619
公用部分比例（%）	27. 24	28. 19	29. 36	28. 13	28. 08	29. 77	37. 03	35. 19	34. 68	34. 53
河北										
项目	2005 年	2006 年	2007 年	2008 年	2009 年	2010 年	2011 年	2012 年	2013 年	2014 年
总支出	6269327	6942076	8815224	11373757	12529171	14133172	16061445	18029326	18301832	19052341
个人部分	4355985	4836284	6132266	8007608	8631446	9676905	9906102	11264394	11590308	12166481
个人部分比例（%）	69. 48	69. 67	69. 56	70. 4	68. 89	68. 47	61. 68	62. 48	63. 33	63. 86
公用部分	1707501	1956839	2588343	3199755	3517813	4207613	5946969	6345414	6347196	6578138
公用部分比例（%）	23. 6	25. 61	24. 03	23. 86	24. 49	28. 89	32. 02	36. 44	36. 71	33. 57

注：个人部分占比（%）为教育经费总支出中个人部分比重；公用部分占比（%）为教育经费总支出中公用部分比重。

资料来源：《中国教育经费统计年鉴》（2006 ~2015 年）。

虽然教育经费支出总值少于小学阶段，但从生均的角度看，京津冀三地初中的资金投入是更多的（见表5－6和图5－4）。初中阶段生均教育经费总支出和生均教育经费支出公用部分都高于小学阶段，且不管从哪个资金投入维度考察，北京都处于领先地位。2005～2014年，在生均教育经费支出总值和生均教育经费支出公用部分两方面，北京均高于天津，河北与京津相比差距巨大。从增长速度方面看，三地生均教育经费总值与公用部分增长速度排序相同，均为北京最快，天津次之，河北最慢。至2014年，北京生均教育经费总值已达到56609.48元，约为天津生均教育经费总值32174.28元的1.76倍，为河北生均教育经费总值9441.77元的6倍。同年，北京生均教育经费公用部分支出为24689.77元，约为天津的2.29倍，为河北的7.66倍。

表5－6　　2005～2014年地方普通初中——生均教育经费支出　　单位：元

地方普通初中——生均教育经费支出（总）										
地区	2005年	2006年	2007年	2008年	2009年	2010年	2011年	2012年	2013年	2014年
北京	9087.89	12848.64	16945.83	19694.5	23172.71	30791.29	37826.96	41644.04	48875.13	56609.48
天津	4636.38	5612.81	6769.97	9117.66	13491.1	18256.36	23107.43	28050.94	30694.1	32174.28
河北	1803.09	2216.05	2893.97	4241.33	5177.91	6427.58	7769.8	8903.16	9141.61	9441.77
地方普通初中——生均教育经费支出（公用部分）										
地区	2005年	2006年	2007年	2008年	2009年	2010年	2011年	2012年	2013年	2014年
北京	3239.62	4486.86	7432.08	8088.59	8557.62	11000.8	14947.5	15343.17	21831.17	24689.77
天津	1094.08	1437.47	1546.17	2092.89	3177.49	5165.83	7270.08	10218.29	11252.19	10789.77
河北	491.09	624.66	823.73	1163.8	1435.18	1898.43	2855.74	3099.87	3135.19	3223.02

资料来源：《中国教育经费统计年鉴》（2006～2015年）。

综合小学和初中两个阶段京津冀三地的教育经费支出状况，可以得出结论：北京基础教育阶段的财力资源投入为三地最好，具有教育经费总支出水平高、教育经费公用部分占比大、生均教育经费支出水平高、生均教育经费支出增长速度快的特点；天津稍弱，由于学生数的差距，天津的教育经费总支出水平远远低于北京、河北，教育经费中公用部分占比小，生均教育经费支出处于北京河北两地的中间水平，与北京还有较大差距，但增长稳定；河北在三地的教育经费支出比较中处于劣势地位，虽然教育经费总支出水平高，但学生基数大，生均教育经费支出远远低于京津，近年来生均教育经费增长速度缓慢，同时还存在教育经费公用部分占比较低的问题。

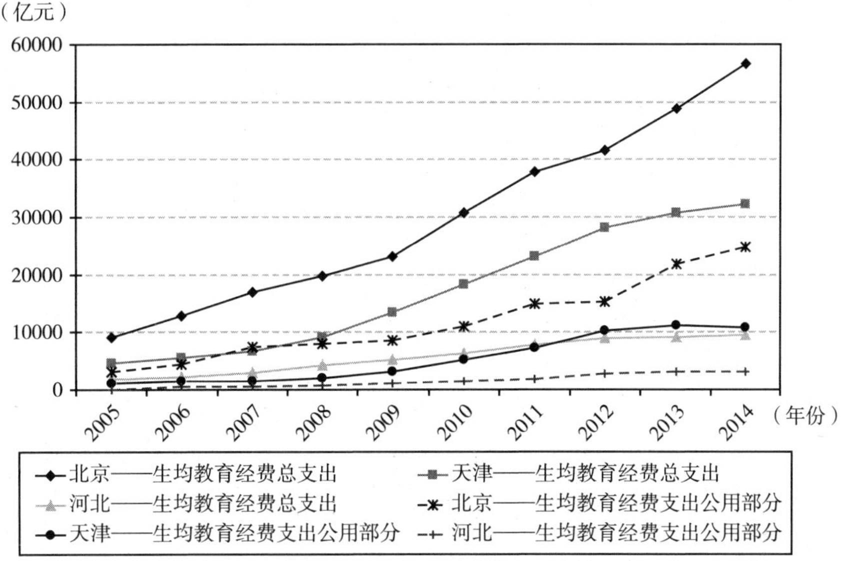

图 5-4　2005～2014 年京津冀初中阶段生均教育经费支出比较

资料来源：《中国教育经费统计年鉴》（2006～2015 年）。

二、京津冀三地教育物力资源投入

1. 小学阶段物力资源投入

学校的图书藏量、设备状况以及学校、教室面积是学校办学条件的重要指标，是学校教育物力资源的投入水平的体现。下面首先比较京津冀三地小学阶段物力资源的投入水平。

（1）小学办学图书藏量。首先考察京津冀三地藏书总量。从 2003 年至 2014 年，三地的办学图书藏量总量都保持增长趋势（见表 5-7）。其中，北京图书藏量从 2003 年的 0.23 亿册增长到 2014 年的 0.27 亿册，增长了约 17%；天津图书藏量从 2003 年 0.09 亿册增长到 2014 年的 0.18 亿册，增长了 100%；河北图书藏量从 2003 年的 1.09 亿册增长到 1.32 亿册，增长了 21%。京津冀三地纵向比较，河北图书藏量总量最多，天津图书藏量增长速度最快，相比之下，近年来北京图书藏量增长幅度不大。

考虑到三地学生数和学校数存在差别，河北的学生数和学校数远多于北京和天津两市，再比较三地生均办学图书藏量。2003 年教育部规定图书室藏书标准为：小学二类人均 15 册，一类人均 30 册；中学二类人均 30 册，一类人均 45 册。同时教育部规定，每年新增图书比例不少于藏书标准的 1%。与图书藏量总量的变化趋势不同，三地的生均藏书量呈现出了不同不变化趋势。在 2003 ~2014 年期间，北京小学生均图书藏量总体呈现出下降的趋势，从 2003 年的生均 41.76 册下降到 2014 年的 32.56 册，下降幅度为 22.03%；天津小学生均图书藏量变化趋势与该地图书藏书总量相似，近年来一直保持大幅度增长，从 2003 年的生均 14.97 册增长至 2014 年的 31.3 册，增长幅度 109.08%，翻了一番；相比之下，河北小学生均图书藏量变化呈“U”形，从 2003 年的生均 17.92 册增长至 2007 年的 23.11 册后，出现一个短暂的下降，至 2011 年减少至生均 20.27 册，之后保持增长，到 2014 年生均图数量回升到 23.39 册（见表 5 –7）。

表 5 –7　　2003 ~2014 年小学办学图书藏量与生均小学办学图书藏量

小学办学图书藏量（亿册）												
地区	2003 年	2004 年	2005 年	2006 年	2007 年	2008 年	2009 年	2010 年	2011 年	2012 年	2013 年	2014 年
北京	0.23	0.22	0.21	0.21	0.22	0.22	0.24	0.24	0.24	0.26	0.27	0.27
天津	0.09	0.09	0.09	0.09	0.09	0.09	0.09	0.11	0.13	0.15	0.17	0.18
河北	1.09	1.09	1.14	1.08	1.08	1.06	1.05	1.08	1.1	1.2	1.22	1.32
生均小学办学图书藏量（册）												
地区	2003 年	2004 年	2005 年	2006 年	2007 年	2008 年	2009 年	2010 年	2011 年	2012 年	2013 年	2014 年
北京	41.76	42.44	42.95	43.62	33.12	33.05	36.47	36.73	35.69	35.56	33.65	32.56
天津	14.97	15.54	16.22	16.53	17.12	17.56	18.72	21.02	24.53	28.65	31.11	31.3
河北	17.92	19.85	22.4	22.94	23.11	22.39	21.5	21.12	20.27	21.41	22.4	23.39

资料来源：《中国教育统计年鉴》（2004 ~2015 年）。

（2）小学仪器设备状况。评估义务教育均衡状况，仪器设备值是其中必不可少的一个指标。教学仪器设备值为学校固定资产中用于教学、实验等仪器设备的资产值。学校的科学实验、音体美、计算机等教学仪器设备的配置水平，直接影响到课程教学质量的提高进而学生基本技能的培养。

从京津冀三地小学仪器设备总值来看，总体都呈现出增长趋势（见表 5 –8）。其中北京小学仪器设备总值 2003 年为 7.15 亿元，至 2014 年增长至 50.54 亿元，增长幅度高达 606.85%。相比之下，天津、河北两地的增长幅度较缓。2003 年天津小学仪器设备总值为 2.28 亿元，至 2014 年增长至 8.33 亿元，增长幅度为 265.35%。河北小学仪器设备总值也从 2003 年的 26.02 亿元增长至 2014 年的 36.74 亿元，增长幅度 41.2%。整体来看，京津冀三地中北京地区小学仪器设备投入水平最好，结合学校数和学生数比较，天津的投入水平又优于河北。河北是京津冀三地中小学仪器设备投入水平发展最慢的一个地区。

小学生均仪器设备总值的水平进一步印证了总体的状况。北京的小学生均仪器设备总值一直远高于天津、河北两地（见表 5－8）。2003 年，天津和河北的小学生均仪器设备值为 0.04 万元，而同年北京已经达到了 0.13 万元，高出津冀两地约 0.09 万元。其后几年北京小学生均仪器设备值保持增长并进一步拉开与津冀两地的差距，至 2014 年北京小学生均仪器设备值达到了生均 0.62 万元，比天津同年的生均 0.15 万元高出约 0.47 万元，比河北同年生均 0.07 万元高出约 0.55 万元。与此同时，天津与河北之间的差距也逐渐形成。2003 年津冀两地生均小学仪器设备值水平相同，但至 2014 年，天津已比河北高出 0.08 万元，约是河北的 2 倍。这也印证了前面对于三地小学仪器设备总值的描述，河北的仪器设备投入变化缓慢，满足不了与逐年增长的学生数进行配套的需求，导致与京津两地差距拉大。而北京地区的仪器设备投入状况，远远优于其他两地，仪器设备配套状况最为优越。

表 5－8　2003～2014 年小学仪器设备总值与生均小学仪器设备总值

小学仪器设备总值（亿元）												
地区	2003 年	2004 年	2005 年	2006 年	2007 年	2008 年	2009 年	2010 年	2011 年	2012 年	2013 年	2014 年
北京	7.15	5.24	5.7	6.14	6.77	9.22	12.48	12.99	22.4	34.31	44	50.54
天津	2.28	2.79	3.05	3.03	3.37	3.59	4.15	4.61	5.91	7.54	7.91	8.33
河北	26.02	18.2	17.26	16.67	16.24	17.08	17.23	18.67	25.18	27.34	30.63	36.74
生均小学仪器设备总值（万元）												
地区	2003 年	2004 年	2005 年	2006 年	2007 年	2008 年	2009 年	2010 年	2011 年	2012 年	2013 年	2014 年
北京	0.13	0.1	0.12	0.13	0.1	0.14	0.19	0.2	0.33	0.48	0.56	0.62
天津	0.04	0.05	0.06	0.06	0.07	0.07	0.08	0.09	0.11	0.14	0.14	0.15
河北	0.04	0.03	0.03	0.04	0.03	0.04	0.04	0.04	0.05	0.05	0.06	0.07

资料来源：《中国教育统计年鉴》（2004～2015 年）。

（3）小学学校占地面积和小学普通教室面积。学校占地面积和普通教室面积直接反映了学校的办学水平。学校的占地面积说明学生的活动空间大小，教室面积则与学校招收学生数量密不可分。一个学校的占地面积和普通教室面积达标，代表着学校的活动场所齐全，学生的学习、课外活动受空间限制较小。

从小学学校占地面积这一指标来看，三地变化趋势相似。2003～2009年，三地的小学学校占地面积逐年递减：北京小学学校占地面积从2003年的0.17亿平方米减少到2009年的0.14亿平方米，天津从0.14亿平方米降减少到0.12亿平方米，河北则从1.64亿平方米减少到1.45亿平方米。2009年以后，京津冀三地小学学校占地面积均趋于平稳，分别保持在0.14亿平方米、0.12亿平方米和1.48亿平方米水平左右，变化幅度不大。这种变化趋势与第二章中提到的撤点并校密不可分。2001年开始的全国范围内的中小学布局结构调整，使得许多农村学校被撤并，农村学校数量锐减，各省市学校占地面积相应减少。

从小学普通教室面积这一指标来看，京津冀三地也表现出了相似的变化趋势。2003～2014年，三地小学普通教室面积呈现倒“U”形变化，其中2009年和2010年分别为津冀和北京教室面积的转折点。北京的小学普通教室面积先从2003年的192.62万平方米逐渐下降至2010年的177.68万平方米，下降幅度为7.76%，后迅速在四年内增长至215.52平方米，增长幅度21.3%，北京12年间总体增长幅度为30.58%。2003年天津小学普通教室面积为160.33万平方米，在2004～2009年逐渐下降至144.62平方米，下降幅度9.8%；后于2009～2014年保持增长，至2014年达到191.17万平方米的水平，与2009年相比增长了32.19%，天津12年间总体增长比例为19.23%。河北的小学普通教室面积变化趋势与天津相似，先从2003年的1604.74万平方米降低到2009年的1358.26万平方米，下降幅度15.36%，后至2014年增长到1719.3万平方米，增长幅度26.58%，河北12年间总体增长比例达到7.14%。将教室面积的变化趋势与学校占地面积相结合，可以对京津冀三地小学普通教室的变化趋势加以解释。在2001年至2009年撤点并校政策实施的初期，大量农村学校被撤并，随之带来的就是学校面积、教室面积的减少，这段时间内，教室面积减少是由于学校数量减少、学校占地面积减少直接造成的；随着政策的实施暴露出了一系列问题，农村学生的就学出现问题，其他学校不得不接收这些被撤并学校的学生。一方面，学校需保证这些农村学生的就学；另一方面，学校的占地面积是有限的，如何容纳更多的学生，学校就需要考量一系列问题。解决办法有两个，一是扩大学校班级的容量，增加行政班的学生数量；二是增加学校班级的数量，这就需要更多的教室。学校内部可能牺牲一部分辅助用房的面积，建更多教室。

小学生均学校占地面积的状况印证了上述猜想。京津冀三地2014年小学生均学校占地面积与2003年相比都有所减少，其中，北京、天津两地在12年间逐年下降，河北则经历了一个先增加后减少的趋势。从生均的角度看，北京地区起步高，在2003年北京生均小学学校占地面积达到人均31.42平方米，为京津冀三地中最高；但在2014年，北京生均小学学校占地面积已下降至17.26平方米，降为三地中最低。不断涌入的外来人口带来的流动儿童和撤点并校导致学校数量的共同造成了这种现象。

从生均小学普通教室的状况来看，京津冀三地的生均小学普通教室面积都在不同时间段存在先下降后回升的阶段。这种变化代表了学校的反应阶段。与生均小学学校占地面积相同的是，2003～2014年，北京总体呈现出降低的趋势，纵向比较来看，2014年生均小学教室面积为3.06平方米，低于2003年的3.5平方米；从横向角度看，2014年北京生均小学教室面积低于天津，与河北接近，而2003年时北京的生均水平远超天津河北两地，分别高出0.78和0.85平方米。

具体见表5－9、表5－10和图5－5。

表5－9　2003～2014年小学学校占地面积与生均小学学校占地面积

小学学校占地面积（亿平方米）												
地区	2003年	2004年	2005年	2006年	2007年	2008年	2009年	2010年	2011年	2012年	2013年	2014年
北京	0.17	0.17	0.16	0.16	0.15	0.15	0.14	0.14	0.14	0.14	0.14	0.14
天津	0.14	0.14	0.14	0.13	0.13	0.13	0.12	0.12	0.12	0.12	0.12	0.12
河北	1.64	1.59	1.56	1.52	1.51	1.5	1.45	1.47	1.44	1.44	1.47	1.48
生均小学学校占地面积（平方米）												
地区	2003年	2004年	2005年	2006年	2007年	2008年	2009年	2010年	2011年	2012年	2013年	2014年
北京	31.42	33.55	32.68	32.94	22.56	22.35	22.32	21.21	20.21	18.99	17.96	17.26
天津	24	25.45	25.9	25.81	24.95	24.79	24.33	24.05	22.13	22.21	22.41	21.17
河北	27.02	29.05	30.54	32.3	32.49	31.54	29.65	28.64	26.59	25.56	26.86	26.26

资料来源：《中国教育统计年鉴》（2004～2015年）。

表 5－10　　2003～2014 年小学普通教室与生均小学普通教室

小学普通教室（万平方米）												
地区	2003 年	2004 年	2005 年	2006 年	2007 年	2008 年	2009 年	2010 年	2011 年	2012 年	2013 年	2014 年
北京	192. 62	186. 05	182. 44	180	180. 85	179. 28	181. 45	177. 68	200. 3	218. 66	233. 86	251. 52
天津	160. 33	157. 09	156. 45	152. 53	150. 43	149. 02	144. 62	148. 24	157. 01	162. 64	182. 77	191. 17
河北	1604. 74	1538. 84	1493. 86	1436. 2	1403. 66	1375. 97	1358. 26	1376. 17	1448. 79	1512. 23	1612. 76	1719. 3
生均小学普通教室（平方米）												
地区	2003 年	2004 年	2005 年	2006 年	2007 年	2008 年	2009 年	2010 年	2011 年	2012 年	2013 年	2014 年
北京	3. 5	3. 58	3. 69	3. 8	2. 71	2. 72	2. 8	2. 72	2. 94	3. 04	2. 96	3. 06
天津	2. 72	2. 83	2. 94	2. 95	2. 92	2. 86	2. 85	2. 93	3. 02	3. 07	3. 31	3. 34
河北	2. 65	2. 81	2. 93	3. 05	3. 02	2. 89	2. 78	2. 69	2. 68	2. 69	2. 95	3. 05

资料来源：《中国教育统计年鉴》（2004～2015 年）。

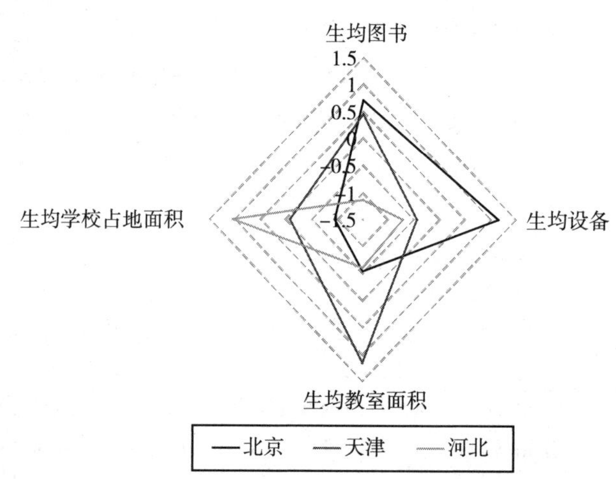

图 5－5　2014 年京津冀小学阶段三地物力投入标准化比较

资料来源：《中国教育统计年鉴》（2015 年）。

综合京津冀三地小学办学图书藏量、仪器设备总值、学校占地面积和普通教室面积四个方面的情况，可以总结如下：北京对于图书和仪器设备投入最多，但学校占地面积和教室面积方面受到空间限制；天津各方面发展较为均衡，在生均设备方面与北京差距较大；河北学校占地面积居三地首位，但无论是生均图书、生均设备还是生均教室面积都落后京津地区，投入发展的空间还很大。

2. 初中阶段物力资源投入

与小学阶段相同，同样从初中办学图书藏量、仪器设备、学校占地面积和普通教室面积等四个方面考量京津冀三地初中阶段物力资源投入状况。

（1）初中办学图书藏量。与小学阶段相比，京津冀三地的普通初中办学图书总量在时间范围内变化不大。从总量看，始终保持着河北省图书藏量最多，北京次之，天津最少的状态。其中天津初中办学图书总量的变化幅度最为明显，在 2004 年至 2014 年的 11 年间，天津始终保持增长态势，从 2004 年的 522.19 万册增长到 2014 年的 942.48 万册，增长幅度达到 80.49%。而北京、河北两地的图书藏量则有所下降，直到 2009 年前后才有所回升。从整体来看，无论是前期下降还是后期回升，河北的变化幅度更大，从 2004 年的 8628.18 万册下降至 2014 年的 7881.3 万册，减少了 8.66%；而北京初中办学图书总量从 2004 年的 952.1 万册下降至 2014 年的 949.47 万册，下降比例仅为 0.3%。

尽管北京、河北两地的图书总量有所减少，但结合同样具有减少趋势的初中在校学生数来看，两地普通初中生均办学图数量还是呈现出增长趋势。北京生均图书藏量从 2004 年的 24.63 册增加到 2014 年的 30.95 册，增长幅度为 25.66%；河北生均图书藏量从 2004 年的 21.38 册增加到 2014 年的 34.44 册，增长幅度为 61.09%。与普通初中办学藏书总量相对应，三地中初中生均图书藏量增长趋势最为明显的仍是天津，2004 年天津普通初中生均图书藏量仅为 13.04 册，分别比北京和河北低出 11.59 册和 8.34 册。在之后 10 年中，天津初中生均图书藏量保持稳步增长，至 2014 年达到生均 35.27 册，超过北京、河北成为三地普通初中生均办学图书藏量最多的地区。相比之下，北京初中生均图书藏量虽然也在波动中增长，但已从 2004 年在三地中投入最多变为 2014 年三地中的末位。

具体见表 5－11、图 5－6。

表 5-11　2004~2014 年普通初中办学图书藏量和生均普通初中办学图书藏量

普通初中办学图书藏量（万册）											
地区	2004 年	2005 年	2006 年	2007 年	2008 年	2009 年	2010 年	2011 年	2012 年	2013 年	2014 年
北京	952. 1	919. 59	870. 13	845. 16	844. 19	857. 19	933. 69	916. 39	930. 88	937	949. 47
天津	522. 19	522. 73	512. 77	548. 53	541. 13	558. 47	592. 63	696. 19	824. 47	910. 79	942. 48
河北	8628. 18	8749. 69	8491. 41	8123. 59	7737. 35	6949. 63	6541. 63	6603. 2	6956. 45	7149. 57	7881. 3
生均普通初中办学图书藏量（册）											
地区	2004 年	2005 年	2006 年	2007 年	2008 年	2009 年	2010 年	2011 年	2012 年	2013 年	2014 年
北京	24. 63	28. 6	30. 18	25. 38	25. 97	26. 88	30. 13	30. 31	30. 47	30. 17	30. 95
天津	13. 04	14. 56	15. 27	17. 1	17. 83	19. 46	21. 68	26. 57	32. 14	34. 94	35. 27
河北	21. 38	23. 62	25. 21	26. 53	28. 22	28. 73	29. 57	30. 71	32	34. 23	34. 44

资料来源：《中国教育统计年鉴》（2005~2015 年）。

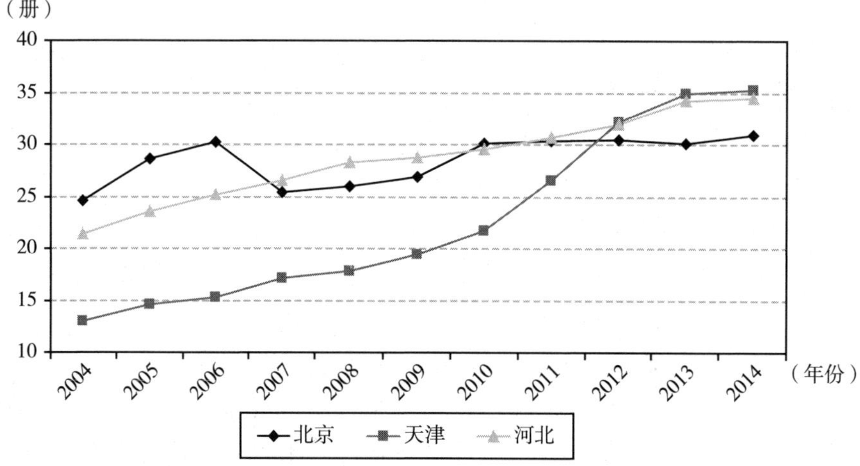

图 5-6　2004~2014 年京津冀三地生均普通初中办学图书藏量

资料来源：《中国教育统计年鉴》（2005~2015 年）。

（2）普通初中仪器设备投入。根据我国教学情况，与小学相比，初中阶段开设了需要仪器设备支持的生物、物理和化学等课程，对仪器设备投入的需求量更大。但与京津冀三地小学仪器设备投入状况相比，普通初中仪器设备的投入总值更低。这种现象需要结合三地初中在校学生数低于小学在校学生数的情况来分析。

从普通初中仪器设备总值来看，京津冀三地整体都呈现出增长趋势。

其中，北京增长幅度最大，从2004年的2.3亿元增长到2014年的18.49亿元，11年间整体增长了16.19亿元；河北的增长幅度次之，且在2006年前后，该地仪器设备投入值大幅度回落，但总体来看，河北从2003年的15.35亿元增长到2014年的24.4亿元，增长幅度为9.05亿元；天津的变化最小，2004年天津普通初中仪器设备总值与北京接近，为2.17亿元，但至2014年天津已远低于北京的18.49亿元，为5.25亿元。

从京津冀三地普通初中生均仪器设备投入来看，纵向比较，三地的投入水平都在增长；横向比较，北京一直以来处于领先地位，并且增长幅度巨大。2004年北京普通初中生均仪器设备值仅为0.06万元，领先天津、河北分别约100元和200元，但经过11年的投入增加、生均值飞速增长，至2014年，北京的生均仪器设备值已达到了生均0.6万元，与天津、河北的差距进一步拉大，分别领先两地约4000元和4900元。天津在三地的对比中处于中间地位，随着近年来北京对仪器设备方面投入的增加，天津与北京的差距逐年拉大。河北普通初中的生均仪器设备值在三地中处于末位，且与天津的差距也在拉大。

具体见表5－12。

表5－12　2004～2014年普通初中仪器设备总值和生均普通初中仪器设备总值

普通初中仪器设备总值（亿元）											
地区	2004年	2005年	2006年	2007年	2008年	2009年	2010年	2011年	2012年	2013年	2014年
北京	2.3	2.81	3.09	3.44	4.12	6.07	7.45	8.2	13.23	16.64	18.49
天津	2.17	1.86	1.94	2.13	2.44	2.58	2.81	4.07	4.65	5.26	5.25
河北	15.35	18.83	14.77	14.3	14.96	15.28	15.32	17.1	19.07	21.58	24.4
生均普通初中仪器设备总值（万元）											
地区	2004年	2005年	2006年	2007年	2008年	2009年	2010年	2011年	2012年	2013年	2014年
北京	0.06	0.09	0.11	0.1	0.13	0.19	0.24	0.27	0.43	0.54	0.6
天津	0.05	0.05	0.06	0.07	0.08	0.09	0.1	0.16	0.18	0.2	0.2
河北	0.04	0.05	0.04	0.05	0.05	0.06	0.07	0.08	0.09	0.1	0.11

资料来源：《中国教育统计年鉴》（2005～2015年）。

（3）普通初中学校占地面积和普通教室面积。与小学阶段相同，受到撤点并校的影响，京津冀三地普通初中的学校占地面积和普通教室面积也经历了先减少后增加的过程。

普通初中学校占地面积方面，在2004年至2014年的变化过程中，北京、天津两地教室面积先减少后增加，至2014年，已基本恢复至2004年的水平，北京2014年普通初中学校占地面积为943.21万平方米，比2004年的991.82万平方米略低，相差约48.61万平方米；天津则在回升增长的过程中超过了2004年的水平，2014年天津普通初中学校占地面积为829.11万平方米，高出2004年的812.91万平方米约16.2万平方米。与京津两地相比，河北普通初中的学校占地面积降低幅度巨大，从2004年的10048.95万平方米持续下降至2014年的7339.95万平方米，下降幅度达到了26.96%。

普通初中教室面积方面，京津两地整体趋势是在逐渐增加。北京2004年普通初中教室面积为66.12万平方米，经历了2004年至2009年一个略微下降的阶段后一直保持增长，至2014年增加至98.46万平方米。天津普通初中教室面积则在波动中增长，从2004年70.7万平方米至2014年的83.67万平方米，增长了18.35%。而河北的普通初中教室面积的变化状况与北京相似，2004年河北普通初中教室面积为734.55万平方米，之后2004~2010年间不断减少至589.21万平方米，此后稍有回升，至2014年增长至699.87万平方米。但总体来说，河北的普通初中教室面积有所减少，与2004年相差约34.68万平方米。

考虑到京津冀三地近年来初中在校学生数量的变化，从生均的角度看普通初中学校占地面积和普通教室面积，发现至2014年三地的差别已不明显。

近年来京津冀三地生均普通初中学校占地面积总体在增长，其中天津的增长势头最为稳健。在2004年，天津普通初中生均学校占地面积为20.29平方米，居于京津冀三地末位，比北京、河北分别低5.37平方米和4.61平方米，此后11年间天津保持平稳增长，超过北京，与河北差距逐渐缩小。至2014年，天津的生均学校占地面积水平达到31.03平方米，比北京高出了0.29平方米，与河北的差距缩小至1.05平方米。河北前期增长速度与天津接近，但在2011年之后增长速度明显放缓。与天津河北相比，北京市生均普通初中学校占地面积增长速度最慢。结合京津冀三地初中学校占地总面积的变化趋势，判断由两点原因造成：一是因撤点并校造成的学校面积减少；二是由于外来人口带来的流动儿童增加了初中在读学生数。与天津、河北初中学生数持续减少的状况相反，2011年以后北京地区的初中学生数有所回升。

京津冀三地普通初中生均教室面积方面，三地差距不大，增长速度也相似。值得一提的是2007年北京市生均普通初中教室面积有明显减少，之后在2007～2013年间，北京市生均普通初中教室面积始终低于天津河北两地，直到2014年超过了津冀跃居首位。

具体见表5－13、表5－14。

表5－13　2004～2014年普通初中学校占地面积和生均普通初中学校占地面积

普通初中学校占地面积（万平方米）											
地区	2004年	2005年	2006年	2007年	2008年	2009年	2010年	2011年	2012年	2013年	2014年
北京	991.82	990.36	935.69	924.33	915.25	899.32	942.02	945.68	939.93	983.4	943.21
天津	812.91	795.65	778.03	782.46	809.72	777.4	767.96	790.9	813.59	855.45	829.11
河北	10048.95	9871.09	9461.75	9034.99	8767.69	7863.77	7470.17	7573.47	7290.54	7251.91	7339.95
生均普通初中学校占地面积（平方米）											
地区	2004年	2005年	2006年	2007年	2008年	2009年	2010年	2011年	2012年	2013年	2014年
北京	25.66	30.8	32.46	27.76	28.15	28.2	30.4	31.28	30.77	31.66	30.74
天津	20.29	22.16	23.17	24.39	26.68	27.08	28.09	30.19	31.72	32.81	31.03
河北	24.9	26.65	28.09	29.5	31.98	32.51	33.76	35.22	33.54	34.72	32.08

资料来源：《中国教育统计年鉴》（2005～2015年）。

表5－14　2004～2014年普通初中普通教室和生均普通初中普通教室

普通初中普通教室（万平方米）											
地区	2004年	2005年	2006年	2007年	2008年	2009年	2010年	2011年	2012年	2013年	2014年
北京	66.12	62.7	61.11	60.95	61.97	62.55	66.37	77.71	82.33	91.24	98.46
天津	70.7	70.65	68.75	70.61	70.89	69.58	69.54	74.24	76.77	82.44	83.67
河北	734.55	731.3	701.77	687.62	679.18	596.28	589.21	620.69	647.76	671.59	699.87
生均普通初中普通教室（平方米）											
地区	2004年	2005年	2006年	2007年	2008年	2009年	2010年	2011年	2012年	2013年	2014年
北京	1.71	1.95	2.12	1.83	1.91	1.96	2.14	2.57	2.69	2.94	3.21
天津	1.77	1.97	2.05	2.2	2.34	2.42	2.54	2.83	2.99	3.16	3.13
河北	1.82	1.97	2.08	2.25	2.48	2.47	2.66	2.89	2.98	3.22	3.06

资料来源：《中国教育统计年鉴》（2005～2015年）。

将2014年京津冀三地初中阶段的物力投入进行标准化后，可以看出，目前初中阶段的物力投入水平，天津最为均衡，河北的生均设备值和生均教室面积较为落后，北京则在生均图书数量和生均学校面积方面较为欠缺（见图5-7）。从近年的发展趋势看，天津的物力投入增长最为稳健，北京在仪器设备方面投入保持着自己的优势，而河北的土地资源最为丰富，保证了河北初中阶段的学校面积居于三地首位。

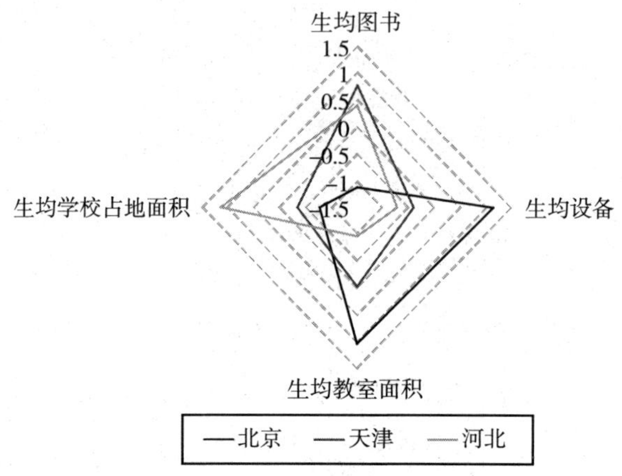

图5-7　2014年京津冀三地初中阶段物力投入标准化比较

资料来源：《中国教育统计年鉴》（2015年）。

京津冀流动人口子女受教育状况

随着经济的发展和农业现代化的推进解放了一大批农村劳动力，流动人口的问题也随之产生。农业生产活动机械化的发展，使得农村不再需要大量青壮年劳动力，经济的飞速发展和互联网技术的运用，拓宽了人们的视野，使得人们把目光跳出家乡，开始在大城市寻求就业机会。每年都有一大批人口离开户籍所在地，前往不同的城市工作生活，寻求更好的就业机会和生活环境，这就是流动人口。京津冀作为中国三大城市群之一，地处北方的政治、经济、文化中心，吸引了大量流动人口。京津冀三地的流动人口比重逐年上升，促进了城市的建设发展，但城市的承载容纳能力有限，随之产生了城市各项资源紧张的问题。为疏解流动人口，政府出台了一系列的政策规定限制流动人口的进入，并对当地流动人口的权利进行约束，由此产生的城市过高的“教育门槛”为农村外出劳动力子女随迁带来了巨大的阻碍。城市教育资源的稀缺性和有限性也使随迁子女无法享受与户籍儿童平等的受教育机会及优质和适宜的教育环境。流动人口子女面临教育方面的诸多挑战，入学、升学都存在很大问题。

就入学这方面来看，经过近些年的政策完善，京津冀三地已建立了完善的流动人口子女入学资格审核体系。现阶段，北京流动人口子女入学需“五证”，包括户籍所在地户籍证明、父母身份证、北京暂住证、外来人员就业证以及居住证明。此外，在证件审核方面，北京市各区县还建立了入学证明材料的联合审核机制。天津流动人口入学也需“五证”，除与北京相同的户籍证明、暂住证、务工证明和住房证明外，还需要子女的儿童预防接种证。在天津，拥有齐全的“五证”也不能马上入学，而是需要提前一年携“五证”到居住证载明的居住地所属区县教育局指定的地方申请登记，次年才能入学。河北的相关规定则表明，流动人口入学的“五证”（合法务工经商证明、居住证、住房证明、户口簿、儿童预防接种卡），需要在当年 5 月 31 日之前取得才符合标准。这些证件规定和时间约束都无形地增加了流动人口子女随迁入学地门槛，影响流动人口子女的受教育情况。

探讨京津冀三地基础教育状况，流动人口子女是一个避不开的话题，流动人口子女的就学和升学与社会的稳定、代际的流动等问题都有重要联系。面对流动人口子女的受教育问题，一部分流动人口家长选择令孩子留守在户籍地，由此衍生出了留守儿童问题，留守儿童远离父母缺少陪伴，处于家乡、所接受的教育落后，不利于其自身的成长发育。有研究表明，在生长发育、营养状况等身体健康指标以及学校学习方法、环境、习惯、人际交往适应方面和整体的社会适应各方面，留守儿童的表现都比流动儿童要差。一部分流动人口家长将孩子带在身边，即流动儿童，但他们中的一部分不能到享受户籍地公办学校的义务教育，只能去打工子弟学校就读，也有悖于教育公平。由于我国城乡二元化经济结构、相关制度和政策上的限制以及流动人口自身因素的制约，导致了这个群体的权利保障和社会地位的提升受到一定的束缚。只有通过对下一代的培养教育，才能使其摆脱现处的不利地位，实现代际流动，进而提高社会的整体素质。因此向流动人口子女提供了良好的教育资源至关重要。

本章关注流动人口子女的受教育状况，从随迁与否和受教育情况两方面探讨京津冀三地对流动人口子女友善度。本章中的随迁是指流动人口子女是否跟随父母来到城市生活，受教育情况则主要是从其就读学校类型方面考察，分为公立学校、私立学校及打工子弟学校。

一、文献综述

对于城市因素对流动人口子女的随迁及教育决策的影响，学者已经做出了一定的研究。现有研究表明，农民工迁移城市特征的确会对子女随迁产生显著影响。其最直接的原因就是迁入地教育政策的影响。孙志飞（2011）考察了农民工子女留守的原因，除农民工工资收入低、居住环境差、就业不正规等束缚因素之外迁入地对外来人口教育服务体制的不完善也成为农民工携带子女迁移的顾虑之一。杨舸等（2011）利用北京市1‰流动人口调查数据，通过Logistic模型检验了流动人口子女随迁的影响因素，也得出相同的结论，并发现东部发达地区是流动人口子女的“不友好”地区，中西部地区更容易接纳流动人口子女随迁，其原因除了生活成本高、门槛高等原因之外，流动人口子女的就学限制等人为因素也是阻碍流动人口安排子女随迁的重要原因。除教育政策因素之外，城市的户籍门槛也会对流动人口子女随迁决策造成影响。宋锦、李实（2014）使用CHIP2008样本，发现若农民工跨省迁移进入高户籍门槛城市，他们携带子女迁移的概率将大幅下降，该农民工群体将来是否会携带子女甚至整个家庭迁入，仍取决于迁入地公共政策的变化或自身就业机会的有力改善。此外，迁移城市与户籍所在地的距离也很重要，梁宏、任焰（2010）研究发现，外省农民工更倾向于将子女留守，迁移距离是决定子女随迁的重要因素。

对于已经随迁的这部分流动人口子女，他们在迁入地的就读情况也值得关注。梁和陈（Liang and Chen，2005）利用1995年全国1%人口抽样调查数据，通过模型考察了广东省外来人口子女和本地居民子女的就学状况，发现暂时性流动人口子女的入学率低于当地城镇居民和在城镇落户的外来人口子女的入学率，甚至低于当地农村居民子女的入学率。随着迁移时间增加，上述差距有逐渐减小的趋势，但差距规模仍然显著。流动人口子女的入学状况受到子女性别、户主受教育水平的影响，而引起他们入学率下降的主要原因是他们迁移之后“没户口”。张翼、周小刚（2012）利用国家人口和计划生育委员会2010年流动人口动态监测工作调查数据，考察了流动人口子女的就学情况，发现农业户口、跨省迁移流动人口子女的缀学率很高；从就读学校的类型来看，约90%的流动人口子女就读于公立学校，但农业户口流动人口子女就读学校的类型、就学的班次仍然差于其他流动人口子女；流动人口子女在迁入地就学仍需缴费，且平均而言，初中阶段费用高于小学阶段，高中阶段更高。

二、描述统计

本章使用数据为2013年全国流动人口卫生计生动态检测调查数据，该数据是由国家卫生和计划生育委员会对流动人口进行问卷调查所得。此项调查通过问卷调研的方式进行，在调查方法上，采取 PPS 方法进行抽样。调查对象是户籍不在当地省市，但在其中工作、生活和居住的 15～59 周岁的流动人口。问卷调查的主要内容包括受访者基本人口学信息、就业状况、社会保障、公共服务、居住状况等家庭信息以及家庭在迁入地的社会融合信息。该调查涉及 32 个省（区、市），本章仅选取其中北京、天津和河北三地的相关数据做统计分析，样本丰富且具有代表性，可以满足本书的研究需求。

将调查数据整理成家庭户的形式后，对家庭户中孩子的年龄做筛选，考虑到农村的青少年有较高比例在初中毕业后辍学，将年龄范围取为 0～18 岁，在我国 6 岁为法定入学年龄的情况下，18 岁的时候正好是高中毕业，这个年龄区间的孩子正好处于 k12 阶段，还需要家长的照顾，无固定经济来源，依附于家长生活，对家长的需求和影响都更大。对于子女是否是随迁的判断，可以通过子女的现居住地来判断，将子女现居住地为本地定义为随迁，将子女现居地为户籍地或其他地区定义为留守。最后，我们共得到家庭户样本 16561 个，其中，北京样本量为 5905 个，天津样本量为 5026 个，河北样本量为 5630 个，三地各阶段流动人口子女所处受教育阶段见表 6－1。总体来说，三地样本量较为均衡，但北京地区处于学前阶段的孩子比例明显高于津冀两地。

表 6－1　京津冀三地样本量　单位：个

地区	总计	学前阶段	幼儿园	小学	初中	高中
北京	5905	1246	1161	2003	694	801
天津	5026	596	1068	1889	723	750
河北	5630	652	1055	2059	872	992

资料来源：2013 年全国流动人口卫生计生动态检测调查数据。

1. 京津冀流动人口子女受教育阶段与随迁比例

考虑京津冀三地关于限制流动人口的政策松紧程度不同，流动人口子女随迁比例可能有所不同，表 6－2 比较了三地子女随迁的比例，并从不同教育阶段进行了细分。

表 6-2　　京津冀流动人口子女随迁比例　　单位：%

地区	总计	学前阶段	幼儿园	小学	初中	高中
北京	65.00	83.87	70.20	64.70	52.02	40.07
天津	68.66	78.86	70.04	71.10	65.84	55.20
河北	67.14	69.48	69.48	70.37	66.63	56.85

资料来源：2013 年全国流动人口卫生计生动态检测调查数据。

从流动人口子女所处教育阶段的方面看，随着流动人口子女所处教育阶段的升高，子女随迁的比例在不断降低，其中学前阶段的子女随迁比例最高，高中阶段最低。学前阶段和幼儿园阶段的子女处于0~6周岁，年龄较小，对父母的需求很高，需要父母的陪伴，随迁比例最高。加之流动人口对于学前教育和幼儿园教育并不重视，即使存在入园难、入园贵的问题，他们很可能选择不上幼儿园，因此这个阶段城市对流动人口子女受教育方面的限制实际上对流动人口子女随迁与否影响不大。但至6岁法定入学年龄之后，子女必须要进入小学就读接受义务教育，受政策影响变大，随迁比例下降。因为我国现行的高考政策并未放开异地高考，异地就学对于高考升学有着不利的影响，因此，越是接近高考阶段，子女随迁就读的比例越低。经验显示，很多学生选择在小升初、初升高的阶段返回户籍地，在家乡接受下一阶段的教育。

总体来看，流动人口子女随迁比例从高到低分别为：天津、河北和北京。其中天津流动人口子女整体随迁比例为68.66%，河北为67.14%，两地相差不大，北京的流动人口子女随迁比例最低，为65%，与天津、河北两地略有差距。这与我们的直观感受相同，北京作为全国的政治经济文化中心，对于流动人口的限制强度居于全国首位，非京籍儿童在京入学难度在全国首屈一指。与其他省份相比，子女随迁给北京的流动人口父母带来更多的不便与问题，孩子入学问题难以解决，即便能够入学，各阶段升学也存在更多限制，造成学龄子女随迁比例较低。例如中考和高考，北京非本地户籍学生不能参加中考升入普通高中，只能报考职业学校；又因异地高考制度至今仍不完善，流动人口子女因没有本地户籍，无法在当地参加高考；而由于全国各省份高考命题方式不同，异地就读也不利于学生接受有针对性的教育。这些在分子女所处教育阶段的统计结果部分表现得十分明显。在子女处于幼儿园阶段的家庭户样本中，三地流动人口子女的随迁比例并无明显差别，均在70%左右；至小学阶段，北京与天津、河北两地一下拉开距离，北京小学阶段流动人口子女随迁比例为64.7%，与天津相比低了6.4个百分点，与河北相比低了5.67个百分点；至初中阶段，北京的随迁比例为52.02%，与天津、河北两地差距进一步加大，分别低了13.82个百分点和14.41个百分点；在高中阶段，北京流动人口子女的随迁比例下降至40.07，与天津和河北的差距已达到了15.13个百分点和16.78个百分点。

2. 京津冀流动人口父母受教育程度与子女随迁比例

图6－1显示对于京津冀三地不同受教育程度的流动人口父母，他们子女的随迁比例。其中父母最高受教育程度是指父母两者的最高学历。

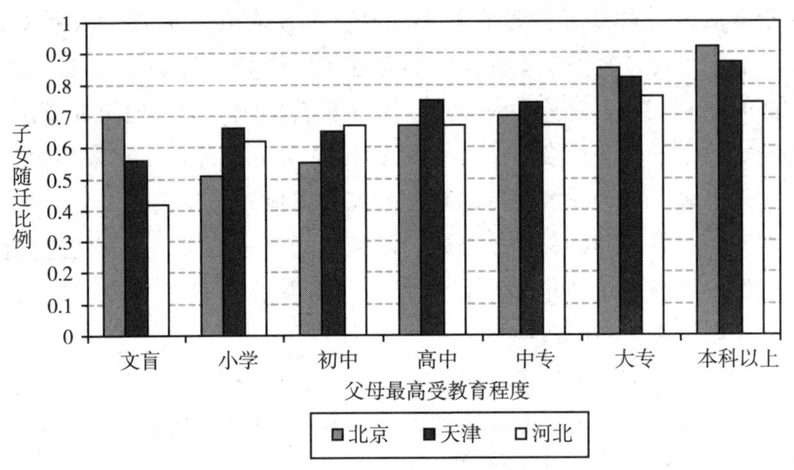

图6－1　流动人口父母受教育程度与子女随迁比例

资料来源：2013年全国流动人口卫生计生动态检测调查数据。

整体看，流动人口父母的受教育程度越高，其子女随迁的比例就越高。其中文盲部分样本京津冀三地共有38个，可能存在误差，不具有代表性。这与以往学者的研究相符。宋锦（2014）通过相关研究发现，受教育程度越高，对家庭的迁移的带动性越强。

这可能由两方面因素造成，一方面，父母的受教育程度越高，在大城市生活的能力越强，能够负担子女随迁带来的高支出，解决非本地户籍带来的生活不便；另一方面，受过更高等教育的父母更加注重对子女的陪伴，懂得在子女的养育过程中父母的作用是不可替代的，了解留守儿童造成的各种问题，更加关注和重视对下一代的培养，为了孩子今后的健康成长，因此选择令子女随迁。

分地区看各受教育阶段父母做出的随迁决策，可以发现，父母的受教育程度、子女随迁决策以及迁移地这三者之间有一定的联系。在小学和初中这两个受教育程度较低的父母组别里比较京津冀三地流动人口子女的随迁比例：河北最高，天津次之，北京最低；但在大专和本科两个受教育程度较高的父母组别中比较京津冀三地流动人口随迁比例，得到了相反的结果：北京最高，天津次之，河北最低。假设随迁京津冀三地流动人口随迁难度从高到低为北京、天津、河北。低学历组中的父母由于劳动技能水平低，自身能力有限，无法将孩子带在身边，因此在迁移难度高的城市中选择令子女随迁的比例降低。而对于高学历父母的组别中子女随迁比例则难以用以上逻辑解释，从理论上来说，如果一对流动人口父母具有在北京和天津令子女随迁的能力，那他应该也具有在河北令子女随迁的能力，因此高学历组中河北省的子女随迁比例也应最高。但统计结果显示的比例则相反，研究尝试从两个角度来解释：首先，在高学历组可能存在着严重的自选择问题，即三地高学历阶段的流动人口素质并不相同。在京津冀三地中进行迁移选择时，虽然同为大专及本科以上学历，但那些能力更高的个体会选择迁移到发展更好的城市，即北京吸收了更多高能力人才、天津次之，而迁移至河北地区的高学历人口能力则较低。那些高能力的个体在北京地区表现出了强大的融入能力，他们可能获取高收入、获取政府对于人才的优惠政策，具有更强的解决问题能力，获得户籍的可能性很大，令子女随迁的比例也更高，达到了92%。而迁移至河北省的高学历人口由于自身能力的欠缺，在令子女随迁方面也表现得不尽如人意。其次，作为父母，令子女随迁还有一个重要原因，就是让孩子接受更好的教育。总体来看，京津冀三地的教育水平是北京高于天津高于河北。因此北京的流动人口为了让孩子接受更好的教育，令子女随迁的意愿也更强。但对于河北的流动人口父母来说，令子女随迁就读可能并不是最优的选择。

3. 主要变量描述性统计

表6－3为京津冀三地流动人口及其子女的主要特征。总体看，北京流动人口子女随迁比例最低，河北次之，天津最高。北京的流动人口子女随迁比例与天津、河北两地并没有显著差异。研究认为是由三地样本年龄分布有所差距造成的。结合表6－1的样本量统计，北京流动人口子女处于学

前阶段和小学阶段的人数比例显著高于其他两地，而低龄子女的随迁可能性更高。而三地子女年龄的统计也印证了这一点，北京流动人口子女年龄略低于津冀，年龄均值为 7.59 岁，比天津流动人口子女的年龄均值低 0.88 岁，比河北低 1.31 岁。

表 6－3　　京津冀三地流动人口及其子女的主要特征描述性统计

变量	总样本（16561）		北京（5905）		天津（5026）		河北（5630）	
	均值	标准误	均值	标准误	均值	标准误	均值	标准误
随迁	0.67	0.47	0.65	0.48	0.69	0.46	0.67	0.47
子女年龄	8.3	5.07	7.59	5.18	8.47	4.88	8.9	5.03
子女性别	0.56	0.5	0.56	0.5	0.55	0.5	0.57	0.5
子女出生地	0.27	0.44	0.35	0.48	0.26	0.44	0.18	0.39
父亲年龄	35.83	5.98	35.54	6	35.61	5.83	36.32	6.08
母亲年龄	34.64	5.95	34.24	5.92	34.61	5.85	35.1	6.03
农村户口	0.86	0.35	0.79	0.41	0.89	0.31	0.89	0.31
是否在学	0.72	0.45	0.68	0.47	0.72	0.45	0.78	0.42
子女受教育状况								
幼儿园	22.87	25.85	25.78	32.37	21.23	22.28	21.59	23.58
小学	49.49	51.81	48.34	50.67	51.28	54.47	49.06	50.53
初中	18.3	15.74	17.42	12.6	18.64	16.74	18.83	17.43
高中	7.71	5.15	7.01	3.32	6.95	4.49	8.97	7.15
父亲受教育程度								
文盲	0.44	0.4	0.42	0.36	0.4	0.41	0.5	0.42
小学	9.56	8.91	7.06	5.68	11	11.07	10.89	10.21
初中	61.71	58.53	52.97	46.14	66.63	63.58	66.47	66.51
高中	13.47	14.19	16.33	17.14	11.72	13.16	12.02	12.14
中专	4.52	4.72	4.98	5.58	4.26	4.35	4.28	4.18
大专	5.43	6.74	7.94	10.45	4.18	5.16	3.93	4.42
本科	4.28	5.71	8.81	12.53	1.73	2.2	1.81	1.98
研究生	0.59	0.8	1.49	2.11	0.08	0.09	0.11	0
母亲受教育程度								
文盲	1.24	1.17	1.17	0.83	1.27	1.22	1.28	1.01
小学	13.3	11.11	11.11	9.35	14.98	14.87	14.1	13.97
初中	61.02	52.82	52.82	45.91	65.48	62.94	65.63	65.37

续表

变量	总样本（16561）		北京（5905）		天津（5026）		河北（5630）	
	均值	标准误	均值	标准误	均值	标准误	均值	标准误
高中	11.01	13.4	13.4	15.09	9.39	10.34	9.96	9.71
中专	4.31	4.71	4.71	5.52	3.94	4.58	4.23	4.44
大专	4.98	7.98	7.98	10.79	3.18	3.88	3.45	3.97
本科	3.7	7.77	7.77	11.1	1.73	2.17	1.19	1.32
研究生	0.43	1.05	1.05	1.41	0.02	0	0.16	0.21
迁移类型								
跨省流动	80.44	78.43	100	100	100	100	42.06	36.62
省内跨市	7.21	7.52	0	0	0	0	21.34	22.1
市内跨县	12.36	14.05	0	0	0	0	36.6	41.28

资料来源：2013 年全国流动人口卫生计生动态检测调查数据。

关于流动人口子女户口特征方面，北京流动人口子女出生于本地的比例为35%，分别比天津、河北两地高出9个和17个百分点；为非农户口的比例也比津冀更高，高出10个百分点。这也从侧面说明，处于北京的流动人口生活条件要略高于津冀两地。在子女受教育情况方面，研究发现，北京流动人口子女上学的比例低于津冀，这同样与三地的样本构成有关。

在京津冀三地子女随迁样本部分，比较三地随迁子女所处受教育阶段可以发现，北京随迁子女所处于低年级的比例为三地最高，有82.44%的随迁子女处于小学和幼儿园阶段，天津次之，河北最低。观察流动家庭中父母的受教育程度，从总样本的角度看，北京流动人口父母处于高中及以上学历的比例为三地最高，其中，父亲为高中及以上学历的比例为39.55%，母亲为高中及以上学历的比例为34.91%；天津流动人口父亲处于高中及以上学历的比例为21.97%，母亲为18.26%；河北与天津接近，父亲为高中及以上学历的比例为22.15%，母亲为18.99%。

最后一个明显的差别是京津冀三地流动人口的迁移类型显著不同。京津两地流动人口迁移类型均为跨省流动，但河北地区的流动人口则有超过50%来自于省内流动。

三、实证分析结果

通过简单计量方法来研究京津冀三地流动人口子女的受教育情况。我们主要从流动人口的随迁概率和随迁子女的就学类型入手，研究迁移城市的不同（北京、天津、河北）是否会对流动人口子女随迁造成影响，以及迁移城市的不同（北京、天津、河北）是否对随迁子女的就学类型造成影响。

1. 流动人口迁移地对流动人口子女随迁概率的影响

为研究流动人口迁移地对流动人口子女随迁概率的影响，使用前面所述 2013 年全国流动人口卫生计生动态检测调查数据中的北京、天津、河北三地家庭户样本，并限制子女年龄在 18 岁以下。考虑所观测的因变量为二元因变量，在本部分使用二元 Logit 模型。模型设定如下：

$$P(Y|X,P,C) = a_0 + \beta X + a_1 P_i + a_2 C$$

其中，Y 代表流动人口子女是否随迁，若随迁则 $Y=1$，若留守则 $Y=0$；X 代表迁移地；P 代表父母特征，包括父母年龄、父母受教育水平，流动类型等；C 代表子女特征，包括子女年龄、子女性别、子女所处受教育阶段等。X 的系数 β 代表了迁移地不同对流动人口随迁的影响（见表 6－4）。

表 6－4　流动人口迁移地对流动人口子女随迁概率的影响

因变量：子女是否随迁 随迁＝1，留守＝0				
	(1) 总	(2) 小学	(3) 初中	(4) 高中
迁移地（控制组：北京）				
天津	0.4637*** (0.0458)	0.5821*** (0.0758)	0.8808*** (0.1195)	0.9333*** (0.2088)
河北	0.1920*** (0.0556)	0.1842** (0.0900)	0.7522*** (0.1374)	0.9827*** (0.2276)
子女年龄	－0.0307*** (0.0077)	0.0091 (0.0162)	－0.0080 (0.0374)	0.0283 (0.0844)

续表

因变量：子女是否随迁 随迁 = 1，留守 = 0				
	(1) 总	(2) 小学	(3) 初中	(4) 高中
子女性别	-0.0454 (0.0368)	-0.0045 (0.0609)	-0.1514 (0.0951)	-0.1643 (0.1530)
子女出生地	1.8566 *** (0.0608)	1.7413 *** (0.1085)	1.6690 *** (0.1805)	1.2014 *** (0.2547)
父亲年龄	0.0215 *** (0.0071)	0.0067 (0.0116)	0.0304 (0.0197)	0.0116 (0.0340)
母亲年龄	0.0225 *** (0.0073)	0.0374 *** (0.0117)	-0.0102 (0.0203)	-0.0399 (0.0357)
母亲受教育程度（控制组：未上学）				
小学	0.4577 *** (0.1689)	0.3294 (0.2724)	0.5639 (0.3781)	0.8067 (0.7446)
初中	0.4418 *** (0.1661)	0.3316 (0.2676)	0.4740 (0.3738)	0.7718 (0.7370)
高中	0.5991 *** (0.1780)	0.4861 * (0.2879)	0.4735 (0.4122)	0.9346 (0.7834)
中专	0.8012 *** (0.2000)	0.6631 ** (0.3310)	0.0379 (0.5662)	0.4684 (0.9122)
大学专科	0.7165 *** (0.2151)	0.9293 ** (0.3846)	0.4465 (0.5698)	2.9132 ** (1.3643)
大学本科	0.7237 *** (0.2528)	1.5651 *** (0.6027)	1.6534 * (0.8921)	0.6592 (1.2330)
研究生	0.1473 (0.4685)	0.2387 (0.9967)		
流动类型（控制组：跨省）				
省内跨市	0.4774 *** (0.0812)	0.7069 *** (0.1318)	0.3392 (0.2083)	0.6863 ** (0.2966)
市内跨县	0.6819 *** (0.0723)	0.9853 *** (0.1209)	1.0058 *** (0.1880)	1.1131 *** (0.2619)
农村户口	-0.4136 *** (0.0734)	-0.4390 *** (0.1320)	-0.5510 *** (0.1785)	-0.7253 *** (0.2694)
是否上学	-0.2534 (0.1848)			
_cons	-1.2252 *** (0.3368)	-1.6049 *** (0.5981)	-1.2203 (0.9788)	-0.1249 (2.1979)
N	16169	5710	2103	869

注：括号中为标准误；* $p<0.1$，** $p<0.05$，*** $p<0.01$。

表6－4展示了部分回归结果。在选择迁移地为北京作为控制组的情况下，回归结果显示，不管是总样本还是子女处于小学、初中或高中阶段的子样本，在控制其他变量的情况下，系数β的值为正值，且均在1%的水平上显著，即与北京相比，天津、河北两地的流动人口选择令子女随迁的可能性均更大。

进一步计算迁移地的边际均值效应（见表6－5）。结果显示，在控制了其他变量的情况下，总样本中天津的流动人口令子女随迁的概率比北京高8.62%，河北的流动人口选择令子女随迁的概率比北京高出3.68%。分样本的情况下，天津河北两地流动人口子女的随迁概率均高于北京，且随着小学、初中、高中的顺序呈现出概率差距越来越大的趋势。值得一提的是，在总样本、小学样本和初中样本中，边际均值效应的结果显示，天津流动人口子女的随迁概率高于河北。这也许是由自选择效应造成的，迁移至北京、天津两地的流动人口的能力要比河北的流动人口更强。

表6－5　　均值边际效应

	(1) 总	(2) 小学	(3) 初中	(4) 高中
迁移地（控制组：北京）				
天津	0.0862 *** (0.0084)	0.1113 *** (0.0144)	0.1956 *** (0.0257)	0.1898 *** (0.0410)
河北	0.0368 *** (0.0106)	0.0371 ** (0.0182)	0.1678 *** (0.0304)	0.2006 *** (0.0457)

注：括号中为标准误；* $p<0.1$，** $p<0.05$，*** $p<0.01$。

分析计量估计的其他结果还可以发现，子女年龄对子女随迁概率有着显著的负向影响，即子女年龄越大，随迁可能性越低。子女出生地为本地对子女随迁有显著的正向影响，这是很容易理解的，出生在当地的流动人口子女有着天然的随迁优势，其父母选择在当地生育也体现了对自己自身能力的自信以及对未来发展的乐观。此外，母亲的受教育程度对于子女随迁与否同样重要，母亲受教育程度越高，流动人口子女随迁的可能性就越大，母亲学历在高中及以上阶段时，结果尤为显著。对于家庭流动类型方面，与跨省流动相比，省内流动显著提高了流动人口子女随迁地概率，市内流动又进一步提高了流动人口子女随迁地可能性。这点在子女高中阶段体现得最为明显，其原因主要是前面提到的高考制度。异地高考制度的不完善导致随迁子女异省高考困难，各省份高考命题差异也造成高中阶段流动人口子女随迁的不易。这点我们也可以从控制子女教育程度的总样本回归结果中得出，结果显示，子女处于幼儿园年龄阶段可以显著提高其随迁概率，而受教育阶段为高中这一特征则对其随迁可能性有显著的负向影响（见表6－6）。

表6－6　　子女受教育程度与子女随迁

(1) 总样本	系数
子女受教育程度（控制组：本科）	
幼儿园	0.4053** (0.1870)
小学	0.2933 (0.1836)
初中	－0.1565 (0.1923)
高中	－0.7384*** (0.2052)
中专/职高	0.0043 (0.2593)
大专及以上	－0.5271 (0.3933)

注：括号中为标准误；* $p<0.1$，** $p<0.05$，*** $p<0.01$。

2. 流动人口迁移地对子女随迁家庭子女的学校类型影响

本部分主要研究流动人口迁移地对子女随迁家庭中孩子就学类型的影响，仍使用2013年全国流动人口卫生计生动态检测调查数据中的北京、天津和河北三地家庭户样本，进一步筛选出子女随迁的家庭户，并把子女年龄限制在18岁以下。考虑本部分观测的因变量随迁子女就学类型是一个多元变量，我们使用多元logit模型进行估计。模型设定如下：

$$P(g=i|X,P,C)=a_0+\beta X+a_1P_i+a_2C$$

其中，g代表流动人口随迁子女就学的类型，包括三类：公立学校、私立学校和打工子弟学校，把公立学校作为基准组；X 代表迁移地；P 代表父母特征，包括父母年龄、父母受教育水平，流动类型等；C 代表子女特征，包括子女年龄、子女性别、子女所处受教育阶段等。X 的系数 β 代表了迁移地不同对流动人口子女就学类型的影响。

从总样本来看，天津随迁子女选择私立学校与公立学校的对数发生比为 -0.5211，并在1%的水平上显著，也就是说与北京相比，天津随迁子女在公立与私立之间选择公立学校的概率更高。河北也类似，河北随迁子女选择在私立学校就读和在公立学校的对数发生比为 -0.3085，在1%的水平上显著，即与北京相比，河北流动人口随迁子女选择公立学校的概率更高。同时，与北京相比，天津随迁子女选择打工子弟学校与公立学校的对数发生比为 -1.3908，河北随迁子女选择打工子弟学校与公立学校的对数发生比为 -3.7306，津冀二地随迁子女在公立与打工子弟学校之间选择公立学校的概率也更高。进一步计算与北京相比，私立学校与打工子弟学校的对数发生比即：天津随迁子女选择私立学校与打工子弟学校的对数发生比为0.8697（计算：1.3908 -0.5211），河北随迁子女选择私立学校与打工子弟学校的对数发生比为3.4221（计算：3.7306 -0.3085），意味着与北京相比，津冀两地随迁子女在私立学校与打工子弟学校之间选择私立的概率更高。具体见表6 -7。

表6 -7　　迁移地对随迁子女就学类型的影响

因变量：随迁子女的学校类型 公立（基准组）=1，私立=2，打工子弟=3				
	(1) 总	(2) 小学	(3) 初中	(4) 高中
私立				
迁移地（控制组：北京）				
天津	-0.5211*** (0.0691)	-1.9553*** (0.1858)	-0.5332** (0.2551)	-2.1372*** (0.7583)
河北	-0.3085*** (0.0851)	-0.8372*** (0.1652)	-0.1014 (0.2679)	-0.0560 (0.4081)
子女年龄	-0.3537*** (0.0109)	-0.0195 (0.0308)	0.0308 (0.0802)	-0.1065 (0.1840)
子女性别	0.0781 (0.0546)	0.1562 (0.1175)	0.2045 (0.2036)	-0.2667 (0.3349)

续表

因变量：随迁子女的学校类型 公立（基准组）=1，私立=2，打工子弟=3				
	(1) 总	(2) 小学	(3) 初中	(4) 高中
出生地	0.1190* (0.0642)	0.0604 (0.1456)	-0.4815 (0.3531)	-0.3710 (0.6391)
父亲年龄	-0.0134 (0.0102)	-0.0070 (0.0214)	-0.0392 (0.0403)	0.1110 (0.0705)
母亲年龄	-0.0050 (0.0103)	0.0117 (0.0215)	-0.0075 (0.0416)	-0.0546 (0.0802)
流动类型（控制组：跨省）				
省内跨市	-0.0035 (0.1202)	0.1622 (0.2370)	-0.4055 (0.4721)	-0.1379 (0.6208)
市内跨县	-0.1896* (0.1060)	-1.3932*** (0.3377)	-0.7203 (0.4428)	-0.6345 (0.5751)
_cons	3.3451*** (0.4723)	-2.0760** (0.9836)	1.2008 (1.7610)	-21.5685 (17210.91)
打工子弟				
迁移地（控制组：北京）				
天津	-1.3908*** (0.1798)	-1.6958*** (0.2478)	-1.1641* (0.6703)	-14.3514 (2666.55)
河北	-3.7306*** (0.7143)	-3.3399*** (0.7189)	-16.8909 (1812.69)	-4.4644 (6952.65)
子女年龄	-0.1750*** (0.0258)	0.0130 (0.0518)	-0.0249 (0.2146)	-15.3466 (1098.53)
子女性别	-0.0431 (0.1494)	-0.1342 (0.1939)	0.2429 (0.5453)	30.0739 (1950.46)
出生地	0.1943 (0.1717)	0.0936 (0.2335)	-1.0206 (1.0591)	34.4227 (4103.32)
父亲年龄	0.0365 (0.0265)	0.0421 (0.0331)	0.1372 (0.1016)	2.9243 (1067.88)
母亲年龄	-0.0424 (0.0271)	-0.0343 (0.0341)	-0.1775 (0.1171)	-4.3714 (775.5644)

续表

因变量：随迁子女的学校类型 公立（基准组）=1，私立=2，打工子弟=3				
	(1) 总	(2) 小学	(3) 初中	(4) 高中
农村户口	0.7732 ** (0.3520)	0.9535 * (0.5029)	-0.7239 (0.7591)	22.0471 (18924.08)
流动类型（控制组：跨省）				
省内跨市	-12.3454 (492.4354)	-13.7927 (1009.32)	0.0724 (3495.29)	-1.5430 (9010.79)
市内跨县	0.8652 (0.8686)	0.1607 (1.0036)	16.1421 (1812.69)	-0.3586 (7620.46)
_cons	-15.2371 (1381.37)	-18.5427 (2203.13)	-32.1566 (11062.33)	267.9049 (74496.91)
N	11680	5710	2105	871

注：括号中为标准误；* $p<0.1$，** $p<0.05$，*** $p<0.01$。

从表6-8均值边际效应的结果看，与北京相比，天津和河北的流动人口子女进入公立学校就读的概率更高，从总样本结果看，天津和河北流动人口随迁子女进入公立学校就读的概率分别比北京高约8.33%和6.83%，结果在1%的水平上显著；两地随迁子女在私立学校就读的概率比北京分别低5.35%和2.71%，也在1%的水平上显著。从小学样本的结果看，天津和河北流动人口随迁子女进入公立学校就读的概率分别比北京高约12.84%和10.21%，两地随迁子女在私立学校就读的概率比北京分别低8.95%和5.45%，都在1%的水平上显著。初中和高中阶段显示出了相同的趋势，但在统计上不显著。打工子弟学校部分可能由于样本量不足，并没有得到显著的结果。

表6-8　　均值边际效应

		天津		河北	
		系数	标准误	系数	标准误
总	公立	0.0833 ***	0.0095	0.0683 ***	0.0128
	私立	-0.0535 ***	0.0082	-0.0271 ***	0.0106
	打工子弟	-0.0298	0.0326	-0.0413	0.1426

续表

		天津		河北	
		系数	标准误	系数	标准误
小学	公立	0.1284***	0.0113	0.1021***	0.0146
	私立	-0.0895***	0.0081	-0.0545***	0.011
	打工子弟	-0.0389	0.4357	-0.0476	0.0564
初中	公立	0.0317	2.5251	0.1275	3.8266
	私立	-0.0227	0.1402	-0.0015	0.1753
	打工子弟	-0.009	2.6644	-0.126	4.0009
高中	公立	0.0566	1.1419	0.0035	0.5621
	私立	-0.0555**	0.0272	-0.0031	0.0303
	打工子弟	-0.001	1.1598	-0.0004	0.579

注：** $p<0.05$，*** $p<0.01$。

因此，关于京津冀三地流动人口的就学类型可以得出结论，北京流动人口子女进入公立学校就学的难度高于天津和河北，而进入私立学校的概率则高于津冀两地。这与实际情况相对应，北京非本地户籍人口的入学难度为三地之最，流动人口随迁子女进入公立学校的难度更大，只得退而选择私立学校或打工子弟学校就读。而在入学难度没那么大的天津、河北，人们会优先选择教学质量更好、管理更加规范的公立学校。对比京津冀三地流动人口子女公办学校的入学政策，研究发现，虽然京津冀三地同受“以流入地区政府管理为主，以全日制公办中小学为主”的两为主政策指导，但实际上各省市的具体操作有着巨大差异。北京在三地中入学政策最为严格，而河北最为宽松。在流动人口子女入学资格审核机制的明确上，北京最早在2002年就提出了“四证”的审核制度，早于天津5年。河北直到2011年才明确提出流动人口子女入学的“三证”审核，与京津两地的“四证”相比，要求也更为宽松。而此时，北京“五证”审核制度已趋于成熟，天津也已经提出了增加儿童预防接种证进入“五证审核”。直至2014年，河北才进一步要求了本省的流动人口子女入学审核机制，也正式提出“五证”。此时，京津两地已分别提出了“五证联合审核机制”和“预约登记机制”。京津冀三地流动人口子女入学资格审核机制时间差的产生，与各地面临流动人口压力大小差异密切相关，与京津相比，河北经济、教育各方面都较为落后，外来人口流入相对较少，加之河北省面积较大，对外来人口的容纳能力也更强，因此对于流动人口子女入学的包容度也更强。

四、结　论

基于上述描述统计和计量分析的结果，针对京津冀三地流动人口子女受教育状况得出结论：

北京市流动人口子女随迁的比例低于天津、河北；随着子女受教育阶段的升高，三地随迁的比例均呈现下降趋势，同时北京与津冀两地的差距也随之增大。对父母学历分组后考察子女随迁比例的结果显示，低学历阶层的父母中，迁移至河北的流动人口令子女随迁的比例最高，但在高学历阶层的父母中比较三地子女随迁比例时发现了相反的结果，迁移至北京的流动人口令子女随迁的比例最高。

与津冀两地相比，北京流动人口子女进入公立学校就学的概率更低，进入私立学校就读的概率则较高。分子女受教育阶段来看，小学阶段三地就学类型对比仍呈现出类似的趋势，但在初中和高中阶段不再显著。

综上，总体来看，北京流动人口子女的就学难度大、就学质量低，这种结果与北京对于流动人口的管控政策相关，流动人口子女就学时需要受到严格审核，不符合规定则不能入学，这影响了流动人口子女受教育的权利，尤其是对于那些低学历、低技能的流动人口，增加了他们异地就学的成本，使他们的子女留守在户籍地的概率增大。而天津和河北两地就学政策较北京更为宽松，流动人口随迁子女就学状况也相对更好。

留守儿童在个人身心健康发展以及学习成绩方面往往存在诸多问题，长此以往会造成流动人口后代人力资本水平下降，进而造成阶级固化，加剧社会不平等状况。如何妥善解决北京这类特大型城市中流动人口子女的受教育问题，减少留守儿童数量，值得我们思索。

京津冀基础教育发展指数

一、构建京津冀教育发展指数的意义

2015 年 4 月 30 日，《京津冀协同发展规划纲要》由中央政治局审议通过，标志着京津冀协同发展顶层设计已经完成，协同发展进入全面推进、重点突破的重要阶段。其中，基础教育协同发展是这一国家战略的重要内容和推动力量。但是，当前京津冀三地在教育机会、教育投入、教育公平等多方面差异较大，给基础教育协同发展带来困难。缩小区域基础教育发展差距、推进教育公平，是京津冀基础教育协同发展战略的基本取向。要缩小京津冀基础教育发展的差距，首先需要对其进行科学的计算和比较。因此，本书在分析和借鉴国内外已有成果的基础上，制定了我国京津冀基础教育发展指数，并对指数的构成进行了分析和解释。

构建一个能够客观描述和比较我国京津冀基础教育协同发展水平的综合指数，对于促进三地之间的基础教育均衡发展有重要的价值。我们研究制定的基础教育发展指数是全面衡量一个地区基础教育发展水平的综合指数。利用我国目前已有的统计数据，基础教育发展指数由教育机会、教育投入和教育公平三个维度构成。从多个维度综合衡量的基础教育发展指数，比仅仅用入学率指标反映的指数，能更好地反映一个地区基础教育发展的总体水平，更符合科学的教育发展观。

此外，构建京津冀基础教育发展指数，能够全面、客观、准确地揭示、比较和分析三地之间的教育发展状况和进步程度，为制定和实施缩小地区差距的基础教育政策提供充分和准确的信息，从而对于京津冀基础教育的协同发展起到有效地促进作用。

二、国内外指标的选取

1. 国外指标的选取

人类发展指数是联合国在1990年发布的用以衡量各国社会经济发展程度的标准，并依此区分为已开发（高度开发）、开发中（中度开发）、低度开发国家。指数根据平均预期寿命、识字率、国民教育和生活水平计算得出，可以在世界范围内进行国与国间的比较。其中，用成人识字率（权重为2/3）及小学、中学、大学综合入学率（权重为1/3）共同衡量教育程度，构造教育指数。

为了监测教育目标的进展，联合国教科文组织设计了由4个指标构成的教育发展指数。具体指标包括：初等教育净入学率、成人识字率、小学5年级保留率和教育性别平等指数。在构造指数时，赋予上述每一个指标的权重相等，均为1/4。指数的数值越大表示教育发展水平越高。其中，教育性别平等指数本身是一个综合指数，由小学毛入学率性别比、中学毛入学率性别比和成人识字率性别比3个指标构成，每个指标的权重为1/3，即教育性别平等指数＝1/3×（小学女性毛入学率/小学男性毛入学率＋中学女性毛入学率/中学男性毛入学率＋女性成人识字率/男性成人识字率）。

2. 国内指标的选取

岳昌君（2008）提出的教育发展指数中，二级指数教育存量指数用人均受教育年限和成人识字率两个指标来表示；教育增量指数用小学入学率、初中入学率、高中入学率以及大学入学率等各级教育的综合入学率来表示；教育投入指数用小学生均教育经费、初中生均教育经费、高中生均教育经费以及大学生均教育经费等各级教育的综合生均教育经费支出和小学师资水平、初中师资水平、高中师资水平及大学师资水平等各级教育的综合师资水平来表示；教育贡献指数用每万人中科技活动人员数和每10万人三种专利申请授权数来表示。构建出教育发展指数＝1/4×教育存量指数＋1/4×教育增量指数＋1/4×教育投入指数＋1/4×教育贡献指数。

王善迈（2013）构建了由教育机会指标、教育投入指标和教育公平指标构成的教育发展指数。其中，教育机会指数由学前教育毛入学率指数、义务教育毛入学率指数、高中阶段教育毛入学率指数及高等教育毛入学率指数4个指标构成；教育投入指数由小学生均事业费指数、初中生均事业费指数、高中阶段生均事业费指数、高等教育生均事业费指数、普通小学师资指数、普通初中师资指数、普通高中师资指数和普通高校师资指数8个指标构成；教育公平指数由小学专任教师学历的城乡差异指数、初中专任教师学历的城乡差异指数、小学生均事业费的城乡差异指数、初中生均事业费的城乡差异指数、县际小学生均事业费基尼系数和县际初中生均事业费基尼系数6个指标构成。构建出教育发展指数 =40% ×教育机会指数 +30% ×教育投入指数 +30% ×教育公平指数。

刘复兴（2014）提出的教育发展指数包括教育规模指数、教育质量指数、教育效益指数、教育公平指数和教育创新指数。其中，教育规模指数包括各学段在校学生数、平均每万人口在校学生数和教育入学率；教育质量指数包括各学段专任教师学历达标率、教育班级规模和教育生师比；教育效益指数包括地方教育投入总量、教育投入占地方 GDP 的比重、预算内教育经费、预算内教育经费占地方财政支出的比重、各学段小学生均教育支出、各省级行政区城镇平均工资、教育行业工资、各省级行政区国家级教学名师奖人数和全国优秀博士学位论文获得者人数；教育公平指数包括城市/农村义务教育入学率、男生/女生义务教育入学率、城市/农村各学段生均教育经费、城市/农村各学段教育生师比和城市/农村各学段教育教师学历水平；教育创新指数的构建是使用 NVIVO 软件对《教育规划纲要》中的创新点逐一编码，以创新点为主要基准点对国家和各省级行政区制定的教育规划纲要进行文本分析，进而了解国家和各省级行政区教育改革和发展政策的匹配性和差异性，各省级行政区对《教育规划纲要》的理解程度，以及教育改革和发展政策的有效性和操作性。构建出教育发展指数 = 1/5 ×教育发展的规模指数 +1/5 ×教育发展的质量指数 +1/5 ×教育发展的效益指数 +1/5 ×教育发展的公平指数 +1/5 ×教育发展的创新指数。

3. 京津冀基础教育发展指数的构成与计算

综上，本章借鉴国内外学者关于教育发展指数的构建方法，通过选取基础教育发展的机会指数、投入指数和公平指数构建基础教育发展指数，以此比较京津冀基础教育发展状况。从教育系统上看，主要是基础教育体系，包括义务教育、高中教育；从数据来源上看，基本取自《中国教育统计年鉴》《中国统计年鉴》《中国教育经费统计年鉴》以及各类统计公报和政府公开的统计资料等，并以 2010 年、2014 年数据为基础进行测算；从计算方法上看，主要采用数据比对方法，以三地的最好数据进行排列比较，乘以相应权重，即为地区相应指标的指数。在指标权重的确定中，由于缺乏对教育成果的直接衡量，没有将教育发展成果纳入现在的指数中，导致没有考虑过去的教育成就。不过，教育机会指标既反映了目前教育发展的数量水平，也与过去的教育数量水平相关，可以通过适当增大教育机会的权重，来降低取消教育发展成果指标的影响。因此，本研究适当增加了教育机会在指标体系中的权重：教育机会占 40%，教育投入占 30%，教育公平占 30%。最终确立的基础教育发展指数计算公式如下：

$$\text{基础教育发展指数} = 40\% \times \text{基础教育机会指数} + 30\% \times \text{基础教育投入指数} + 30\% \times \text{基础教育公平指数}$$

对于每个二级指标以及三级指标，本研究依据国内外已有研究成果，采用主观赋权法确定京津冀基础教育发展指数中各个指标的权重。由于各个指标是同等重要的，因此赋予它们相等的权重。具体来说，教育机会有 3 个二级指标，每个二级指标的权重为 1/3；教育投入有 2 个二级指标，每个二级指标的权重为 1/2；教育公平有 2 个二级指标，每个二级指标的权重为 1/2。

通过赋权，按照上述公式计算出各个地区的教育发展指数后，就可以比较和分析。既可以进行基础教育发展总体水平的比较和分析，也可以进行教育机会、教育投入、教育公平的比较和分析；不但可以进行某一年份各地区之间的横向比较，还可以对同一地区不同年份的发展水平进行纵向比较，反映其进步的幅度，以及对各个地区进步快慢进行比较。

三、京津冀基础教育机会指数

1. 指标选取、计算方法

（1）指标选取。经过文献查阅、指标比对，本节采取德尔菲法将教育机会指数的基本指标确定为净入学率、升学率和保留率（见表 7－1）。

表 7-1　　基础教育机会指数及其权重

一级指标	二级指标	三级指标
教育机会指数	净入学率（1/3）	小学净入学率（1）
	升学率（1/3）	小升初升学率（1/2）
		初升高升学率（1/2）
	保留率（1/3）	小学六年保留率（1/3）
		初中三年保留率（1/3）
		高中三年保留率（1/3）

注：括号内表示各个指标所占权重，本研究采取了简单算术平均的方法，具体情况上文已有介绍。

表 7-1 列出了基础教育机会指标体系及其权重。基础教育机会包括入学机会、升学机会以及各阶段学生系统完成该阶段教育的机会，按照前面的介绍，其权重都为 1/3。首先，小学教育是基础教育的开端，虽然我国已经基本普及九年义务教育，但是仍有少数儿童已到法定入学年龄仍不能进入学校接受基础教育。因为小学教育是基础教育体系最重要的部分，所以需要将小学教育的入学率纳入教育机会指标中。又由于净入学率比毛入学率更能反映儿童和青少年按时完成各级教育的机会，在数据充足的情况下，应该选用小学净入学率，权重为 1。其次，升学率作为一个客观指标，反映了受教育者接受高一层次教育的机会。为了保持与前文的一致性，本节仅将小升初升学率和初升高升学率纳入指标体系，又因它们同等重要，因此权重相同，都为 1/2。最后，保留率反映了受教育者各阶段教育的完成情况，进而衡量了教育机会的均等化水平。此指标包括小学六年保留率、初中三年保留率和高中三年保留率共 3 个三级指标，它们的权重相同，理由同上，都为 1/3。

（2）指数计算方法。对三级指标的数据进行标准化、归一化处理。为了便于地区比较和易于理解，本研究将教育发展指数设计成一个数值为 0～10 的指数，数值越大表示发展程度越高。某一地区某一三级指标的标准化值 = 该地区实际值 ×10/最优值。假设 i 地区各级教育的净入学率、升学率和保留率的原始数据分别为 X_{ij}、Y_{ij}、Z_{ij}。该地的净入学率三级指标值为：

$$V_{xij} = v_{xij} \times 10/\max(v_{xij})$$

其中，i 表示北京、天津和河北地区，j 表示小学、初中和高中三个学段，

v_{xij}表示各地区各级教育的净入学率。

同上，各地的升学率三级指标值为 $V_{yij}=v_{yij}\times 10/\max(v_{yij})$，$v_{yij}$表示各地区各级教育的升学率；各地的保留率三级指标值为 $V_{zij}=v_{zij}\times 10/\max(v_{zij})$，$v_{zij}$表示各地区各级教育的保留率。

综上，净入学率指标表示为：

$$X_{ij}=\sum(\beta_k\cdot V_{xij})$$

其中，β_k表示净入学率的各个三级指标值所占的权重。

升学率指标表示为：

$$Y_{ij}=\sum(\gamma_k\cdot V_{yij})$$

其中，γ_k表示升学率的各个三级指标值所占的权重。

保留率指标表示为：

$$Z_{ij}=\sum(\lambda_k\cdot V_{zij})$$

其中，λ_k表示保留率的各个三级指标值所占的权重。

最终计算得出各地基础教育机会水平指标值为：

$$T=\alpha_1\cdot X_{ij}+\alpha_2\cdot Y_{ij}+\alpha_3\cdot Z_{ij}$$

其中，α_1、α_2、α_3分别表示净入学率、升学率、保留率所占的权重。

2. 京津冀基础教育发展的机会分析

（1）净入学率。2010～2014 年间，京津冀三地小学净入学率的指数变化见表 7－2。

表 7－2　2010～2014 年京津冀小学净入学率的指数变化

地区	2010 年	2011 年	2012 年	2013 年	2014 年	平均值	五年内的变化值
北京	10.00	10.00	10.00	10.00	10.00	10.00	0.00
天津	9.98	10.00	10.00	10.00	9.97	9.99	－0.01
河北	9.98	9.99	9.98	9.96	9.97	9.98	－0.01

资料来源：根据《中国教育统计年鉴》（2011～2015 年）相关数据计算得出。

五年间，对于北京、天津和河北地区来说，一方面，三地的小学净入学率指数得分差距不大；另一方面，与 2010 年相比，2014 年北京的净入学率指数没有发生变化，都保持为三地中的最优值；天津、河北两地的净入学率指数略有下降，但是幅度很小，都减少了0.01。这说明，相对于天津、河北而言，北京市达到法定入学年龄的儿童接受基础教育的机会更加平等。

（2）升学率。2010～2014年间，京津冀三地升学率的指数变化见表7－3。

表7－3　　2010～2014年京津冀基础教育升学率的指数变化

地区	2010年	2011年	2012年	2013年	2014年	平均值	五年内的变化值
北京	9.86	9.88	9.80	9.49	9.04	9.61	－0.82
天津	9.81	9.92	9.91	10.00	9.95	9.92	0.14
河北	8.61	8.94	8.91	8.75	9.61	8.96	1.00

资料来源：根据《中国教育统计年鉴》（2011～2015年）相关数据计算得出。

五年中，北京的基础教育升学率指数得分呈现波动趋势，与2010年相比，2014年的指数减少了0.82，得分9.04，排名从第1位下降到第3位。一方面，受一系列政策的限制，流动人口子女只能返回生源地就读或者参加中考；另一方面，因撤点并校的施行致使学校数量减少，因而影响了总体的招生数量。与2010年相比，天津在2014年的升学率指数上升了0.14，达到9.95，位列三地中的第1名。此外，河北的升学率指数也呈现逐年上升趋势，五年内的变化值较大，提高了1分。相对于京津而言，这种现象与河北地区对流动人口的限制较小、户籍制度较为宽松有关。

（3）保留率。2010～2014年间，京津冀三地保留率的指数变化见表7－4。

表7－4　　2010～2014年京津冀基础教育保留率的指数变化

地区	2010年	2011年	2012年	2013年	2014年	平均值	五年内的变化值
北京	9.89	9.64	9.85	9.80	9.92	9.82	0.03
天津	8.86	8.70	8.74	9.51	9.41	9.05	0.55
河北	8.76	8.58	8.77	8.81	9.19	8.82	0.43

资料来源：根据《中国教育统计年鉴》（2011～2015年）相关数据计算得出。

五年中，北京地区基础教育保留率的指数变化较小，并且每年都位列第1名，说明北京市学生的基础教育完成度很好，辍学率较低，教育机会更加均等。与2010年相比，天津2014年保留率指数提高幅度最大，增加了0.55，达到9.41。河北的保留率指数也有了很大提高，2014年达到9.19。总之，天津、河北两地与北京的保留率指数差距不断减小，意味着两地的教育机会水平的均等化程度逐渐加大。

3. 京津冀基础教育机会水平的比较

为了解京津冀三地基础教育机会的总体进展情况，本节将三地2010～2014年的教育机会指数做对比，具体变动情况见表7－5。

表7－5　2010～2014年京津冀教育机会指数及排名变动情况

地区	教育机会指数						排名及排名变动		
	2010年	2011年	2012年	2013年	2014年	五年内的变化值	2010年	2014年	排名变动
北京	9.92	9.84	9.88	9.76	9.65	－0.26	1	2	↓1
天津	9.55	9.54	9.55	9.84	9.78	0.22	2	1	↑1
河北	9.12	9.17	9.22	9.17	9.59	0.47	3	3	→

注：根据表7－2、表7－3、表7－4计算得出。→表示2014年相比2010年排名维持不变；↓表示排名后退；↑表示排名上升。

从表7－5中可以看出，2014年天津的教育机会指数得分最高，为9.78分，河北得分最低，为9.59分。与2010年相比，北京在三地中的排名降低了一个位次，教育机会指数下降了0.26；天津的排名提高了一个位次，教育机会指数上升了0.22；河北的排名位次没有发生改变，但是其教育机会指数在三地中增加最多，为0.47。图7－1具体展示了2010～2014年之间京津冀三地教育机会指数的趋势变化。

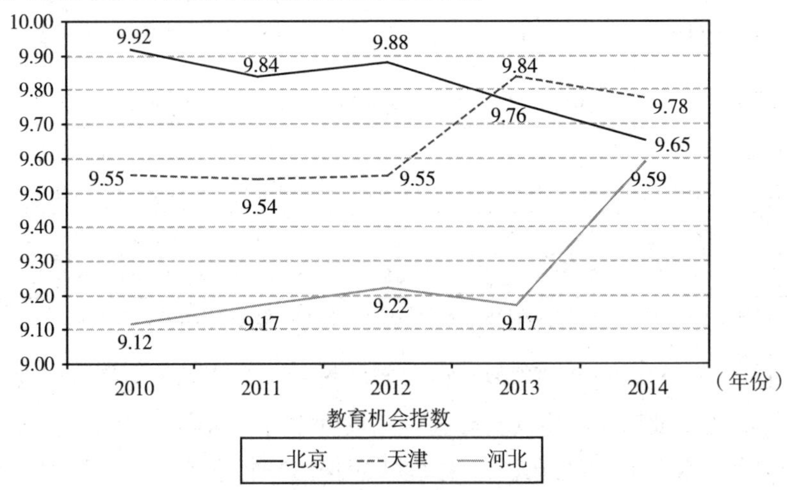

图7－1　2010～2014年京津冀教育机会指数变动情况

注：根据表7－5绘制得出。

五年之间，北京的教育机会指数总体呈下降趋势，虽然2012年略有增加，达到9.88，但是2013年开始又逐渐减少。这主要是由于，北京作为首都，经济发达，就业机会较多。外来人口大量迁入的同时，也大多选择将子女带在身边。因此，学龄人口的迁徙会给北京的教育资源带来压力，降低其教育机会，同时也会造成流出地教育资源配置的无效率。对于天津来说，2010~2012年，其教育机会指数变化平稳，基本处于同一条直线上。2013年，天津的教育机会指数陡然上升到9.84，排名最高，即使在2014年有所下降，为9.78，但是依然位列三地中的第一。天津作为经济发达的直辖市，一定程度上验证了经济发展水平与教育机会水平之间呈现出很强的正相关性。2010~2014年，河北的教育机会指数总体呈上升趋势，虽然2013年略有减少，为9.17，但是2014年又大幅度增加到9.59。这主要是由于河北作为人口密度大的地区，学校更容易合理布局，形成规模经济，减少单位教育成本，提高教育机会。

四、京津冀基础教育投入指数

1. 指标选取、计算方法

（1）指标选取。经过文献查阅、指标比对，本节采取德尔菲法将教育发展投入指数的基本指标确定为财力资源投入和物力资源投入（见表7-6）。

表7-6　基础教育投入指标体系及其权重

一级指标	二级指标	三级指标
教育发展投入指数	财力资源投入（1/2）	小学生均公共财政预算教育事业费（1/6）
		初中生均公共财政预算教育事业费（1/6）
		高中生均公共财政预算教育事业费（1/6）
		小学生均教育支出（1/6）
		初中生均教育支出（1/6）
		高中生均教育支出（1/6）

续表

一级指标	二级指标	三级指标
教育发展投入指数	物力资源投入（1/2）	生均小学办学图书藏量（1/12）
		生均初中办学图书藏量（1/12）
		生均高中办学图书藏量（1/12）
		生均小学仪器设备总值（1/12）
		生均初中仪器设备总值（1/12）
		生均高中仪器设备总值（1/12）
		生均小学学校占地面积（1/12）
		生均初中学校占地面积（1/12）
		生均高中学校占地面积（1/12）
		生均小学普通教室面积（1/12）
		生均初中普通教室面积（1/12）
		生均高中普通教室面积（1/12）

注：括号内表示各个指标所占权重，本节采取了简单算术平均的方法，具体情况前面已有介绍。

表7－6列出基础教育投入指标体系及其权重。首先，基础教育投入包括财力和物力两方面的教育资源投入状况，权重都为1/2。其次，财力方面包括教育收入和教育支出两个方面，构成教育收入、教育支出的三级指标分别为基础教育各学段生均公共财政预算教育事业费、基础教育各学段生均教育支出，由于收入—支出同等重要，因此权重相同，都为1/6。最后，物力方面包括物力资源投入一个二级指标，构成物力资源投入的三级指标分别为各学段生均办学图书藏量、生均仪器设备总值、生均学校占地面积和生均普通教室面积，它们的权重相同（理由同上），都为1/12。

（2）计算方法。教育发展的投入指数计算与机会指数计算的方法相同，在此不做赘述。

2. 京津冀基础教育发展的投入分析

（1）财力资源投入。在2010年到2014年期间，京津冀三地基础教育生均预算经费、生均教育支出的指数变化见表7－7。

表7-7　　2010~2014年京津冀基础教育财力资源投入的指数变化

地区	生均预算经费						
	2010年	2011年	2012年	2013年	2014年	平均值	五年内的变化值
北京	10.00	10.00	10.00	10.00	10.00	10.00	0.00
天津	7.25	6.56	6.66	6.62	7.25	6.87	0.00
河北	2.39	2.15	2.36	2.17	2.23	2.26	-0.15
地区	生均教育支出						
	2010年	2011年	2012年	2013年	2014年	平均值	五年内的变化值
北京	10.00	10.00	10.00	10.00	10.00	10.00	0.00
天津	5.85	5.81	6.18	5.85	5.79	5.90	-0.06
河北	2.10	1.98	2.09	1.82	1.71	1.94	-0.39

资料来源：根据《中国教育经费统计年鉴》（2011~2015年）相关数据计算得出。

在2010年到2014年之间，北京的基础教育生均预算经费指数没有发生变化，得分都为满分。天津地区的指数在2011年到2013年之间低于7，但是2014年又上升到7.25，与2010年一致。与京津相比，河北的基础教育生均预算经费指数非常低下，远远落后于两地，五年内的平均值仅为2.26，而且2014年的指数值比2010年减少了0.15，仅为2.23。对于基础教育生均教育支出指数来说，三地之间的差距很大。五年之间，北京的此项指数依旧没有发生变化，得分皆为满分。天津、河北的指数都有所下降，分别降低了0.06和0.39。其中，天津的生均教育支出指数在2014年为5.79，河北的指数仅达到1.71。与北京相比，生均预算经费、生均教育支出的指数差距悬殊，意味着天津、河北两地对于基础教育的财力资源投入程度严重不足。

（2）物力资源投入。2010~2014年，京津冀三地基础教育办学图书藏量、仪器设备总值、生均占地面积、生均教室面积的指数变化见表7-8。

表7-8　　2010~2014年京津冀基础教育物力资源投入的指数变化

地区	图书藏量						
	2010年	2011年	2012年	2013年	2014年	平均值	五年内的变化值
北京	10.00	9.96	9.83	9.54	9.59	9.78	-0.41
天津	6.01	6.96	7.92	8.41	8.46	7.55	2.45
河北	6.07	6.19	6.32	6.46	6.61	6.33	0.54

续表

地区	仪器设备总值						
	2010 年	2011 年	2012 年	2013 年	2014 年	平均值	五年内的变化值
北京	10.00	10.00	10.00	10.00	10.00	10.00	0.00
天津	3.67	3.74	3.11	2.67	2.51	3.14	-1.16
河北	1.98	1.77	1.32	1.21	1.19	1.49	-0.78
地区	生均学校占地面积						
	2010 年	2011 年	2012 年	2013 年	2014 年	平均值	五年内的变化值
北京	8.80	8.83	8.87	8.60	8.72	8.76	-0.09
天津	7.90	8.00	8.38	8.12	8.01	8.08	0.11
河北	8.50	8.55	8.58	8.38	8.23	8.45	-0.26
地区	生均教室面积						
	2010 年	2011 年	2012 年	2013 年	2014 年	平均值	五年内的变化值
北京	9.11	9.54	9.63	9.36	9.72	9.47	0.61
天津	8.71	8.62	8.61	8.31	8.23	8.50	-0.48
河北	8.27	7.96	7.89	7.69	7.46	7.85	-0.82

资料来源：根据《中国教育统计年鉴》（2011～2015 年）相关数据计算得出。

就基础教育办学图书藏量来说，五年中北京的图书藏量指数都位列第1名，与2010年相比，2014年虽然指数下降了0.41，但仍然达到9.59的分值，且分值大于天津、河北两地。天津的基础教育图书藏量指数增加幅度最大，为2.45，在2014年达到8.46并呈现逐年稳步上涨的趋势，说明天津对基础教育办学的图书藏量投入程度逐渐加大。2010～2014年之间，河北的基础教育图书藏量指数都低于7，远远落后于京津二地。这在一定程度上说明了河北对于基础教育办学的图书数量投入程度不大，使得其指数较为低下。

就基础教育仪器设备总值来说，五年中，相较于天津、河北而言，北京的指数都为满分，说明该地区对于基础教育的仪器设备投入程度高，办学条件好。与2010年相比，2014年天津、河北两地的仪器设备指数都出现了不同程度的减少。其中，天津地区下降幅度较大，降低了1.16，达到2.51；河北降低了0.78，达到1.19。整体来看，天津、河北两地的仪器设备指数与北京差距非常明显。这主要是由于北京作为我国的文化中心，基础教育教学使用的多媒体设备以及实验设备等更加丰富全面，领先于全国。

就基础教育生均学校占地面积来说，与2010年相比，2014年北京、河北两地的生均学校占地面积指数都有所下降。其中，北京地区指数减少了0.09，达到8.72，但是在三地中仍然位列第1名；河北地区的生均学校占地面积指数减少了0.26，达到8.23，在三地中仍然位列第2名。与此同时，虽然天津地区的指数略有增加，达到8.01，但是依旧落后于另外两地。总体来看，由五年之间的平均值可以得出，北京、河北之间的基础教育生均学校占地面积指数差距不大，分别为8.76和8.45；而天津的指数整体略小，为8.08，说明该地区对于学校占地面积的投入程度不足。

就基础教育生均教室面积来说，五年中北京的生均教室面积指数上升了0.61，达到9.72。天津、河北两地的指数都有所下降，其中，天津减少了0.48，达到8.23；河北减少了0.82，达到7.46。根据2010~2014年之间的指数平均值可以看出，北京的生均教室面积指数最大，为9.47，河北的生均教室面积指数最小，为7.85。这一方面是由于河北地区对于基础教育生均教室面积投入程度不足；另一方面是由于河北省人口基数大，每个班级的学生人数较多，所以导致人均教室面积较小。

3. 京津冀基础教育投入水平的比较

为进一步了解三地基础教育投入及差异的发展趋势，将2010~2014年的投入指数进行对比，结果见表7-9。

表7-9　2010~2014年地区教育投入指数及排名变动情况

地区	教育投入指数						排名及排名变动		
	2010年	2011年	2012年	2013年	2014年	五年内的变化值	2010年	2014年	排名变动
北京	9.74	9.79	9.79	9.69	9.75	0.01	1	1	→
天津	6.56	6.51	6.71	6.56	6.66	0.10	2	2	→
河北	4.22	4.09	4.13	3.96	3.92	-0.30	3	3	→

注：根据表7-7、表7-8计算得出。→表示2014年相比2010年排名维持不变；↓表示排名后退；↑表示排名上升。

从表7-9中可以看出，2014年北京的教育投入指数得分最高，为9.75分；河北得分最低，仅为3.92分。与2010年相比，三地的教育投入指数排名未变，北京的教育投入指数增加了0.01，基本没有发生变动；天津的教育投入指数提高了0.10，达到6.66；河北的教育投入指数降低了0.30。图7－2具体展示了2010～2014年之间京津冀三地教育投入指数的趋势变化。

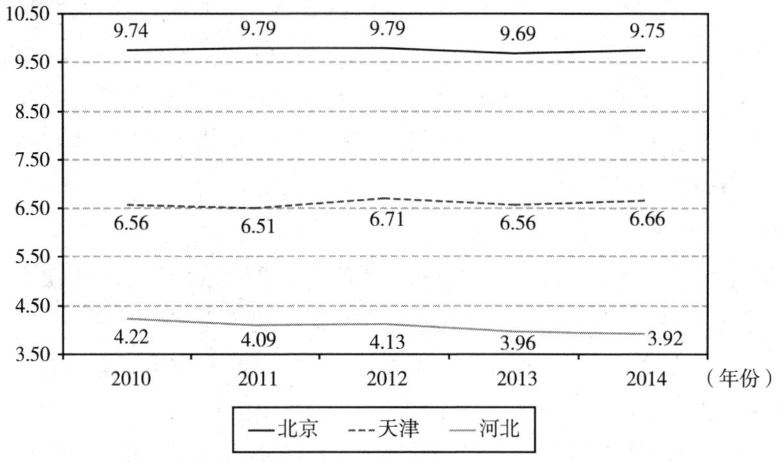

图7－2　2010～2014年京津冀教育投入指数变动情况

注：本图根据表7－9绘制得出。

如图所示，2010～2014年，京津冀三地的教育投入指数变动情况较为平稳，波动幅度不大。五年之间，河北的基础教育投入指数虽然在2012年略有提升，但是整体来看呈下降趋势。一方面，相较于京津两地，河北的经济发展水平落后，直接导致政府的财政能力不足，也直接影响了地区教育资源投入较少。另一方面，由于河北地区财政支出中基建支出的比例较大，因此，教育投入面临来自基础设施投资方面的竞争。增加基建支出的投入会不可避免地减少政府在教育方面的投入，从而对教育投入水平产生负面影响。综上，河北地区的财政投入有待于进一步合理规划，科学配置，以提高基础教育的发展水平。

五、京津冀基础教育公平指数

1. 指标选取、计算方法

（1）指标选取。本节将流动人口子女的受教育问题看成教育公平，选用了流动人口子女在校学生数占基础教育总人数的比重、基础教育阶段流动人口子女的随迁比例 2 个有效二级指标和 6 个三级指标（见表 7 – 10）。

表 7 – 10　　基础教育公平指标体系及其权重

一级指标	二级指标	三级指标
教育发展公平指数	流动人口子女在校学生数占基础教育总人数的比重（1/2）	小学在校学生数占基础教育总人数的比重（1/3）
		初中在校学生数占基础教育总人数的比重（1/3）
		高中在校学生数占基础教育总人数的比重（1/3）
	基础教育阶段流动人口子女的随迁比例（1/2）	流动人口子女受小学教育的随迁比例（1/3）
		流动人口子女受初中教育的随迁比例（1/3）
		流动人口子女受高中教育的随迁比例（1/3）

注：括号内表示各个指标所占权重，本节采取了简单算术平均的方法，具体情况前面已有介绍。

表 7 – 10 列出了基础教育公平指标体系及其权重。为了保持一致性，本节从随迁与否和受教育情况两方面考虑京津冀三地基础教育发展的公平指数。其中，二级指标包括流动人口子女在校学生数占基础教育总人数的比重、基础教育阶段流动人口子女的随迁比例，权重都为 1/2。在校学生数占基础教育总人数的比重指各学段在校学生数与基础教育在校学生总数之比，包括各学段在校学生数占基础教育总人数的比重 3 个三级指标，由于我们认为它们是同等重要的，因此权重相同，权重都为 1/3。受教育阶段的随迁比例指随迁子女各受教育阶段的在校人数与流动人口子女各受教育阶段的在校人数之比，包括各学段流动人口子女的随迁比例 3 个三级指标，权重也是全部为 1/3。

（2）计算方法。教育发展的公平指数计算与机会指数计算的方法相同，故不赘述。

2. 京津冀基础教育发展的公平分析

（1）流动人口子女在校学生数占基础教育总人数的比重。2010 ~ 2014 年，京津冀三地流动人口子女在校学生数占基础教育总人数比重的指数变化见表 7 – 11。

表 7－11　2010～2014 年京津冀流动人口子女在校学生数占基础教育总人数比重的指数变化

地区	2010 年	2011 年	2012 年	2013 年	2014 年	平均值	五年内的变化值
北京	9.74	8.43	9.27	9.33	9.47	9.25	－0.27
天津	9.22	8.40	8.56	9.44	9.09	8.94	－0.13
河北	9.59	9.47	9.45	9.72	9.40	9.53	－0.19

资料来源：根据 2010～2014 年全国流动人口卫生计生动态检测调查的相关数据计算得出。

五年间，京津冀三地的流动人口子女在校学生数占基础教育总人数比重的指数变化都有所下降。与 2010 年相比，2014 年北京的指数减少了 0.27，为 9.47；天津的指数减少了 0.13，为 9.09；河北的指数减少了 0.19，为 9.40。根据平均值可以看出，河北的指数最高，为 9.53，一定程度上说明了该地区对于流动人口子女更加友善，对其受教育问题表现得更加公平；而天津的指数得分为 8.94，说明与北京、河北相比，该地区的教育公平水平较为低下，达到均等化的程度不大。

（2）基础教育阶段流动人口子女的随迁比例。2010～2014 年，京津冀基础教育阶段流动人口子女随迁比例的指数变化见表 7－12。

表 7－12　京津冀基础教育阶段流动人口子女随迁比例的指数变化

地区	2010 年	2011 年	2012 年	2013 年	2014 年	平均值	五年内的变化值
北京	7.05	10.00	8.64	7.99	8.16	8.37	1.11
天津	8.55	9.74	10.00	9.86	10.00	9.63	1.45
河北	10.00	9.59	8.93	9.97	8.79	9.46	－1.21

资料来源：根据 2010～2014 年全国流动人口卫生计生动态检测调查的相关数据计算得出。

五年间，北京、天津两地基础教育阶段流动人口子女随迁比例的指数都有所上升。与 2010 年相比，2014 年北京的指数提高了 1.11，达到 8.16；天津的指数提高了 1.45，达到 10.00，位列第 1 名。对于河北来说，虽然 2014 年的指数值与 2010 年相比下降了 1.21，但是仍然达到 8.79，位列第 2 名。根据京津冀三地在五年中的指数平均值看，天津的指数平均值最高，为 9.63；北京的指数平均值最低，为 8.37。这主要是由于北京是政治、经济中心，吸引了大量外来务工人员，但是该地区的承载能力有限，政府出台的一系列限制流入的政策导致流动人口子女的随迁比例减少，反映了教育公平水平的不足。

3. 京津冀教育公平水平的比较

为了进一步了解三地基础教育公平及差异的发展趋势，本节将 2010 ~ 2014 年的公平指数进行对比，结果见表 7 – 13。

表 7 – 13　　2010 ~ 2014 年地区教育公平指数及排名变动情况

地区	教育公平指数						排名及排名变动		
	2010 年	2011 年	2012 年	2013 年	2014 年	五年内的变化值	2010 年	2014 年	排名变动
北京	8. 40	9. 22	8. 96	8. 66	8. 81	0. 42	3	3	→
天津	8. 88	9. 07	9. 28	9. 65	9. 54	0. 66	2	1	↑1
河北	9. 80	9. 53	9. 19	9. 84	9. 10	-0. 70	1	2	↓1

注：根据表 7 – 11、表 7 – 12 计算得出。→表示 2014 年相比 2010 年排名维持不变；↓表示排名后退；↑表示排名上升。

从表 7 – 13 中可以看出，2014 年，天津的教育公平指数得分最高，为 9. 54 分，北京得分最低，为 8. 81 分。与 2010 年相比，北京的排名没有改变，教育公平指数提高了 0. 42；天津的排名上升了一个位次，教育公平指数提高了 0. 66；河北的排名下降了一个位次，教育公平指数降低了 0. 70，为 9. 10。图 7 – 3 具体展示了 2010 ~ 2014 年之间京津冀三地教育公平指数的趋势变化。

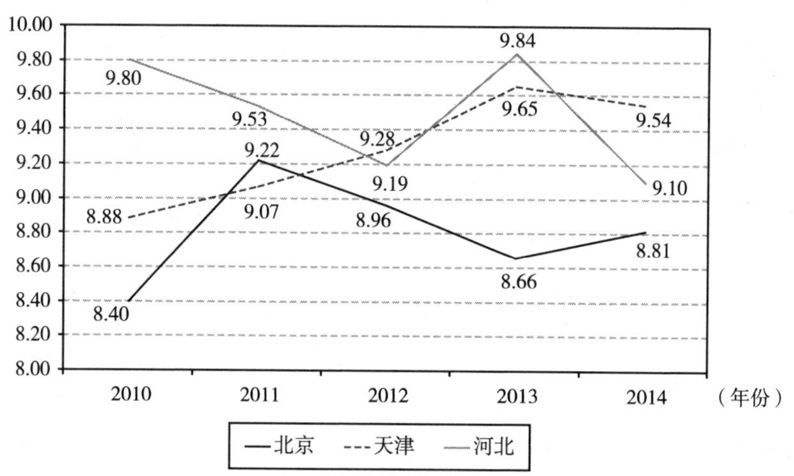

图 7 – 3　2010 ~ 2014 年京津冀教育公平指数变动情况

注：根据表 7 – 13 绘制得出。

如图7－3所示，五年间，三地的教育公平指数波动幅度较大。2011年，北京的教育公平指数达到最高值9.22，高于天津在此时的数值。除此之外，北京的公平指数总体来说低于河北、天津两地。这个结果与现实相符，一方面，北京作为我国首都，对流动人口的限制程度较大，外来务工人员的子女在京入学难度非常大。另一方面，由于受各种政策的约束，流动人口子女入学时所交的择校费也会成为一项负担，为了避免生活压力过大，流动人口家长可能会选择将子女留守在户籍地。此外，天津的教育公平指数总体呈上升趋势，在一定程度上说明天津对流动人口子女的受教育问题更加包容。河北的教育公平指数在2013年陡然上升至9.84，但是总体来看，其指数呈现逐年下降趋势，而且与2010年相比，下降幅度较大。

六、京津冀基础教育发展指数剖析

为了进一步了解三地基础教育发展及差异的变化趋势，本节将2010～2014年的总体发展指数做了对比，结果见表7－14。

表7－14　2010～2014年地区教育发展指数及排名变动情况

地区	教育发展指数						排名及排名变动		
	2010年	2011年	2012年	2013年	2014年	五年内的变化值	2010年	2014年	排名变动
北京	9.35	9.62	9.54	9.37	9.41	0.06	1	1	→
天津	8.33	8.37	8.51	8.68	8.66	0.33	2	2	→
河北	7.71	7.60	7.51	7.66	7.54	－0.18	3	3	→

注：根据表7－5、表7－9、表7－13计算得出。→表示2014年相比2010年排名维持不变；↓表示排名后退；↑表示排名上升。

从表7－14可以看出，2014年，北京的教育发展指数得分最高，为9.41分，河北得分最低，为7.54分。与2010年相比，京津冀三地的排名没有改变。其中，北京的教育发展指数提高了0.06；天津的教育发展指数提高了0.33；河北的教育发展指数降低了0.18。图7－4具体展示了2010～2014年京津冀三地教育发展指数的趋势变化。

如图所示，五年间三地的教育发展指数差距较大，北京的总体指数明显高于天津、河北两地。2011年，北京的教育发展指数达到最高值9.62，

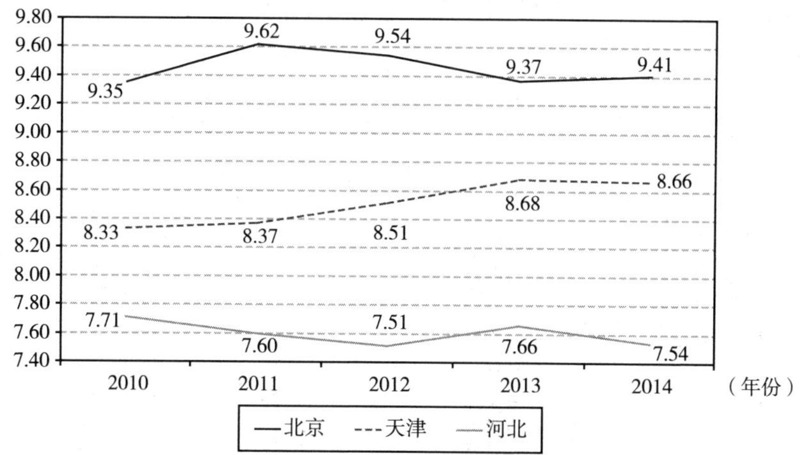

图7－4　2010～2014年京津冀教育发展指数变动情况

注：根据表7－14绘制得出。

随后呈现逐年下降的趋势，但是在2014年又略有上升，达到9.41。此外，对于天津来说，教育发展指数总体呈上升趋势，2013年达到最高值8.68后，又在2014年稍有下降，达到8.66。河北的教育发展指数在2012年达到最低值7.51，随后略有上升。总的来说，三地之间的教育发展指数具有显著的差异。

前面逐一讨论了京津冀基础教育发展指数的构成指标，继而将考察三地的基础教育发展指数的总体特征。表7－15列出了2014年京津冀基础教育发展指数的整体情况。

表7－15　京津冀基础教育发展的总体指数（2014年）

地区	教育发展指数	教育机会指数	教育投入指数	教育公平指数	排名
北京	9.41	9.65	9.75	8.81	1
天津	8.66	9.78	6.66	9.54	2
河北	7.54	9.59	3.92	9.10	3

注：根据表7－5、7－9、7－13、7－14总结得出。

如表7－15所示，基础教育发展的总体指数得分最高的是北京，为9.41；其次是天津，为8.66；最后是河北，为7.54。这进一步说明了京津冀两地的基础教育发展总体优于河北，符合对现实状况的判断。

如图7－5所示，首先，对于基础教育发展的机会指数来说，京津冀三地差距并不大，分别为9.65、9.78和9.59。这说明三地在教育改革和发展的过程中，对教育机会的战略和政策不尽相同，导致机会之间略有差异，但差距不明显。

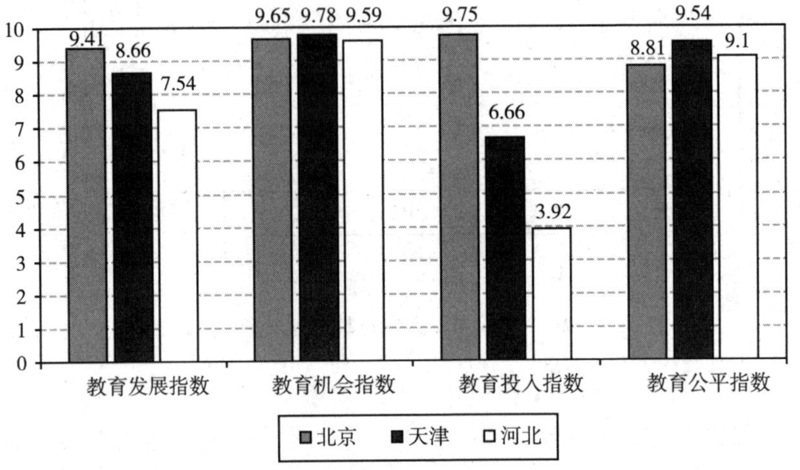

图7－5　京津冀基础教育发展的各项指数对比（2014年）

注：根据表7－15绘制得出。

其次，教育投入方面，三地差距尤其大。河北的教育投入指数比较滞后，仅3.92。一方面，与基础教育发展相比，河北政府更加重视当地的经济发展；另一方面，政府在发展教育时缺乏科学的教育发展观，投入不够。天津的教育投入指数也只有6.66，与北京相比，今后两地都应加大教育投入和教育支出，优化教育资源配置水平，推进教育改革。

最后，教育公平方面，天津的教育公平指数最高，为9.54，说明天津对于流动人口子女随迁的入学问题管理较为缓和；北京的教育公平指数最低，为8.81，一定程度上说明了北京关于限制流动人口的政策实施更加严格。这与现实相符，北京作为全国的政治经济文化中心，对于流动人口的限制强度居于全国首位，因此，该地区的基础教育公平程度低于另外两地。

七、结　论

本章通过构建基础教育发展指数，分别比较对京津冀教育机会水平、教育投入水平和教育公平水平。总的来看，2010 ~ 2014 年，北京、天津的基础教育发展水平都获得不同程度的进步。然而，不容忽视的是，河北的基础教育水平仍然很薄弱。与京津两地相比，河北教育发展指数的增幅主要体现在教育机会水平的提高，但是在教育投入和教育公平方面体现得还很不够，河北省的基础教育发展还有很大的成长空间。

《京津冀协同发展规划纲要》提出，到 2030 年“首都核心功能更加优化，京津冀区域一体化格局基本形成”。缩小区域基础教育发展差距，推进教育公平，是未来十年京津冀基础教育协同发展政策的基本走向。因此，应当鼓励北京和天津承担起帮助河北实现教育跨越式发展的责任，通过建立和完善地区间横向转移支付制度，加大京津两地对河北的财政支持力度。同时，中央和京津应按照一定的分担比例，合作设立教育协同发展专项资金，优先用于精准帮扶河北省流动人口子女入学问题、支持河北省提升基础教育阶段物力资源水平、提高学校公用经费水平、开展教育协同发展项目等。对于河北自身加大基础教育投入，努力缩小与京津差距的投入，中央可给予一定的配套支持。

综上，京津冀三地基础教育发展现状差距较大，给基础教育协同发展带来困难。但是在目前以省市行政区划为基本单位的分立的教育体制下，一系列体制机制的变革，可以有效地为京津冀基础教育协同发展创造条件。

北京地区非京籍儿童到哪里上学

——收紧的教育政策对儿童留守的影响

一、引言

随着北京抬高流动儿童入学门槛，数以万计的非京籍流动儿童无法进入北京地区的公立学校而不得不返回原籍留守或是在与北京邻近的廊坊、香河、大厂、衡水等河北市县读书，往返于两个地区，成为“候鸟学生”。无论是留守儿童还是“候鸟学生”，六七岁的他们与父母聚少离多，不能在父母身边成长。许多研究表明，留守儿童在学业成绩（Liang and Chen，2007；梁在、陈耀波，2006；胡枫、李善同，2009；姚嘉、张海峰等，2016）、身体和心理健康（唐有财、符平，2011；Gao et al.，2010；Fan et al.，2010；Wen et al.，2012）等方面均低于户籍当地其他同龄儿童或者随迁的同龄儿童，其形成较低的人力资本使得这部分人群向社会上层流动受阻，很可能成为新的弱势群体。

不同于流动人口的迁移往往受大城市中更多就业机会、更高劳动报酬的吸引，作为非劳动力的流动人口子女，尤其是处于义务教育阶段的子女，其对基本教育资源存在刚需。因此，教育资源的可获得性可能是流动人口家庭在做出子女随迁或留守的决策中一个很重要的影响因素。本章采用2011~2014年全国流动人口动态监测调查数据研究北京收紧的教育政策对流动人口子女入学地选择的影响。本章的研究结果表明：（1）对流动儿童收紧的教育政策会显著增加其留守的可能性。大城市对流动儿童较高的入学门槛阻碍了流动人口子女随迁，迫使其留在户籍原地成为留守儿童，或是子女迁移到邻近的市县就读，成为“候鸟学生”。

(2) 对流动儿童收紧的教育政策显著加大了流动人口子女单独留守的概率，流动人口子女与一方留守的概率未受显著影响，以教控人未必有效。(3) 政策有明显的技能偏向性。对人力资本水平较低的家庭，收紧的教育政策对其子女留守的可能性有显著的正向影响，这在一定程度上加剧了人力资本的代际传递。

大多数关于流动人口子女留守或随迁的研究是基于个人特征、家庭特征和子女特征三个方面。梁宏、任焰（2010）用2006年珠三角的调查数据采用logistic模型分析发现，农民工子女的流动、留守受限于年龄、社会支持、迁移距离和父母在城市中的生活状态等，其中配偶所在地是影响农民工子女的流动与否最重要的因素，其次是少年儿童的年龄，再次是城市的居住条件；陶然（2011）基于2009年进行的长三角、珠三角、环渤海和成渝地区12个城市的流动人口调查数据，采用probit模型分析了农村流动人口子女就学地选择的影响因素，结果表明父母对子女入学地的选择存在“性别偏好”，更容易带男孩到打工城市上学，城市公办学校收取择校费和借读费会阻碍子女随迁，而流动人口教育程度、工作稳定性和家庭平均收入对孩子就学地选择没有显著影响。杨舸等人（2011）使用“北京市1‰流动人口调查”数据，采用logistic模型研究了流动人口子女随迁的影响因素，结果发现父母的社会经济条件起决定性作用。其次是儿童就学情况，就学难是子女随迁的重要阻碍因素，母亲外出对儿童是否流动有很大影响。宋璟、李实（2014）基于2008年CHIP数据中的城镇农民工住户样本，采用二元probit模型和分解的方法研究了农民工子女随迁的影响因素，发现配偶的随迁状况、户主就业机会、迁移距离、户主配偶受教育水平是影响子女随迁最重要的几个因素。

国外的文献更多从孩子对家庭迁移决策的影响方面进行讨论。克里斯托·达斯特曼（Christian Dustmann，2003）使用GSOEP（german socio - economic panel）数据采用简化式模型研究孩子对家庭迁移决策的影响，结果表明孩子会显著影响父母回迁决策。塞尔维和许（Sylvie and Xu，2015）采用2008年安徽无为县的农村调查数据，采用比例风险模型（proportional hazard model）分析了留守儿童对父母迁移持续时间的影响，结果发现有留守儿童的家庭尤其是有处于小学阶段的留守儿童家庭，父母会延长待在城市的时间；祖父母会替代父母照料留守儿童，推迟父母返回的时间；留守儿童对父母迁移时间的影响存在“性别偏好”，有处于小学阶段的男孩的留守儿童家庭，父母会推迟返回时间。蕾切尔·康纳利等（Rachel Connelly et al.，2012）用2001年安徽和四川的调查数据（RMS）和CULS数据研究了孩子对中国农村女性迁移决策的影响，结果表明孩子的年龄会显著影响母亲的迁移活动，男孩会降低母亲迁移的概率，同时男孩也更可能与母亲随迁。

也有一些研究分析流动儿童的教育政策对流动儿童家庭投入或者迁移的影响。海闻（2014）等人通过对2012～2013年北京市农民工子女教育情况的调研发现，北京对待农民工子女的教育问题的态度较消极；韩嘉玲（2017）从描述性分析的角度比较了1996～2013年间北京、上海和广州流动儿童义务教育的政策。邢春冰（2016）利用2000年和2005年人口普查和1%人口抽样调查数据，采用线性概率模型分析了撤点并校政策对农村居民迁移的影响，发现子女教育是影响农村迁移的重要因素，农村地区学校数量减少显著增加了农村居民迁出概率；曹妍、杨娟（2016）采用2008年CHIP数据和县级宏观数据研究了政府教育投入对随迁子女家庭教育支出的挤入挤出效应，结果表明流入地政府教育投入与流动儿童家庭教育投入存在挤入效应，但是流出地政府的教育投入与留守儿童家庭教育支出不存在显著相关关系。

不同于已有的文献，本章结合教育政策分析了流动人口子女的留守、随迁，采用DID和PSM－DID评估了北京2012年收紧的教育政策对流动人口子女留守的影响，并对不同年龄段、不同留守类型及父母教育水平不同的样本分别进行分析，从教育政策的角度分析留守儿童问题。与已有文献相比，本章的贡献主要有以下几个方面：（1）随着人们对留守儿童的关注，许多学者提出让儿童随迁来解决留守儿童问题，不同于以往文献中仅提及教育等公共物品的获得阻碍了儿童随迁，本章对这一问题进行了实证分析，详细考察了教育政策对儿童随迁的影响。（2）不同于以往文献通常仅考察农村样本，本章同时考察了农村和城镇户籍的流动人口，比较二者之间的差异；并且非农流动人口往往具有更高的学历、更高的技能水平，本章进一步考察了儿童随迁、留守的技能偏向。（3）不同于以往对留守儿童、家庭随迁的研究方法，本章使用DID和PSM－DID进行分析，评价教育政策对流动人口子女随迁、留守的影响。

二、教育政策

2014 年，国务院关于户籍制度改革，全面放开建制镇和小城市落户限制，有序开放中等城市落户限制，合理确定大城市落户条件，严格控制特大城市人口规模。在特大城市中出现了所谓的“以教控人”“抬高入学门槛”等现象，流动儿童入学权利受到很大的限制。尽管一些地方采用积分落户和积分入学等措施，但主要是面向高学历人群。

在这一政策正式确立之前，我国也相继出台了一系列关于流动人口子女教育的文件。1998 年的《流动儿童少年就学暂行办法》，开始关注流动人口子女入学问题，对于有条件的流动儿童可以通过缴纳借读费以借读方式入学。允许办农民工学校，但没有财政支持。2001 年《国务院关于基础教育改革与发展的决定（2001）》确定了“两为主原则”，明确了在流动儿童教育中，流入地政府和公办学校的责任。2003 年《国务院关于进一步加强农村教育工作的决定》重申了“两为主”政策，划分流入地政府职责到各个职能部门；扶持并管理农民工子弟学校。对流动儿童与城市儿童要一视同仁，公立学校在收费、评奖、课外活动上同等对待两类学生。2006 年新修订的《义务教育法》明确了流入地政府要将民工子女义务教育纳入当地的教育发展规划与纳入教育经费预算的“两纳入”要求。2010 年《国家中长期教育改革和发展规划纲要（2010—2020 年）》延续强化“两为主”的政策。2011 年和 2012 年有关文件提出在公办学校不满足需求情况下，可采用政府购买服务等方式保障随迁子女在依法举办的民办学校接受义务教育。

在政府责任方面，北京 2002 年发布《北京市对流动人口中适龄儿童少年实施义务教育的暂行办法》，确定流入地政府责任。在对流入地的政府责任方面，明确了由区县政府来承担，不过落实到具体的进入公立学校的入学手续办理则由下一级的乡镇/街道政府来执行。

在经费投入方面，北京 2004 年取消了借读费，在公立学校就学的流动儿童经费支出由区县财政承担；2008 年后减免学杂费对于未审批的农民工学校无法获得任何财政支持。

在公立学校入学方面，北京2000年之前，流动儿童教育主要由民工学校解决。2002年《北京市对流动人口中适龄儿童少年实施义务教育暂行办法》对“户籍所在地没有监护条件，且其父母在北京居住半年以上并已取得暂住证的，可以申请在本市中小学读，接受义务教育”，要求入读公办学校出示“四证”（户籍所在地乡（镇）级人民政府出具的该儿童、少年及其父母的户籍证明；其父母的身份证、在本市的暂住证和外来人员就业证）；2008年《北京市实施〈中华人民共和国义务教育法〉办法》要求“三证”（本人及儿童、少年的身份证明、居住证明、工作证明）；2010年《北京市中小学校学生学籍管理办法》要求“两证”（在京居住证明、户口簿）；2012年《北京市教育委员会关于2012年义务教育阶段入学工作的意见》又变成了“五证”（本人在京务工就业证明、在京实际住所居住证明、全家户口簿、北京市居住证或有效期内居住登记卡或暂住证、户籍所在地街道办事处或乡镇人民政府出具的在当地没有监护条件的证明等相关材料）。

对于随迁子女入学的教育政策，2010年《北京市中小学校学生学籍管理办法》只要求“两证”，到2012年又变成了“五证”，同时在暑假期间关停拆迁了一批农民工子弟学校。而在同一时期，与北京在城市规模、人口北京相似的上海，有关流动人口子女入学的教育政策相对稳定，只要求“两证”，到2014年上海开始收紧随迁儿童的入学政策，2015年、2016年持续收紧。基于北京、上海两地关于流动人口子女政策收紧的时间差异，本章采用双重差分模型，考察2012年北京收紧的教育政策对流动人口子女留守的影响。

三、描述性分析

1. 变量描述

本章所使用的数据是2011～2014年全国流动人口动态监测调查数据，由国家人口和计划生育委员会每年进行调查。调查对象是在流入地居住1个月以上，非本区（县、市）户口的15～59周岁流入人口。该问卷中包含流动人口及其家人的基本信息（年龄、性别、居住地、户口等），家庭月收入、迁入时间等。考虑到农村高中辍学率较高，教育政策主要针对义务教育阶段，故本章以0～15岁流动人口子女的信息为主，匹配得到其父母的基本信息及家庭信息。

本章的被解释变量是流动人口子女是否留守，来自问卷中“子女的现居住地”这一问题，若子女现居住在户籍地，则为留守，若现居住地为本地，则为随迁。本章主要评估教育政策对流动人口子女留守、随迁的影响。政策主要发生在2012年，故2013年定义为政策发生后，2011年定义为政策发生前；以上海作为控制组，北京为处理组。

本章的控制变量主要有流动人口子女的基本特征，包括子女年龄、性别、出生地、是否是独生子女；家庭的基本特征，包括流动人口的年龄、教育水平、户口性质、家庭月收入对数（家庭月收入以2011年CPI为基准进行调整）、迁移时间；以及父亲是否流动、母亲是否流动。

表8－1是对2011年、2013年数据分上海、北京进行的描述性统计。由表8－1可以看出，整体而言上海地区流动人口子女的留守比例高于北京，且随时间推移，上海的流动人口子女留守比例降低，北京略有增加。子女的平均年龄大约在6岁左右，一多半的子女在原户籍地出生，大多数流动人口的户籍是农村户籍，且在上海的流动人口中农村户籍的占比更高，但随年份整体呈现下降趋势。流动人口的平均受教育年数大约为10年，北京地区流动人口受教育年数高于上海地区。流动人口的迁移时间大概为6～7年。

表8－1　　变量的描述性统计

	2011年		2013年	
	北京	上海	北京	上海
是否留守 （1＝是，2＝否）	0.31 （0.46）	0.38 （0.48）	0.32 （0.47）	0.35 （0.48）
子女年龄	6.57 （4.27）	6.82 （4.29）	6.60 （4.37）	6.76 （4.32）
是否独生子女 （1＝是）	0.51 （0.50）	0.50 （0.50）	0.53 （0.50）	0.48 （0.50）

续表

	2011 年		2013 年	
	北京	上海	北京	上海
孩子性别 （1 = 男）	0.56 （0.50）	0.57 （0.50）	0.56 （0.50）	0.56 （0.50）
孩子出生地 （1 = 户籍地）	0.67 （0.47）	0.71 （0.45）	0.60 （0.49）	0.61 （0.49）
流动人口年龄	33.68 （5.48）	33.18 （5.73）	33.96 （5.64）	34.53 （5.72）
户口 （1 = 农业户口）	0.81 （0.39）	0.84 （0.37）	0.78 （0.42）	0.82 （0.39）
家庭月总收入 （2011）	6768.351 （9116.41）	6265.08 （6813.06）	7304.87 （6516.30）	7535.45 （6584.21）
家庭月总收入的对数 （2011）	8.51 （0.72）	8.50 （0.66）	8.68 （0.60）	8.74 （0.56）
流动人口 受教育年数	9.96 （2.78）	9.44 （2.81）	10.49 （2.96）	9.94 （2.88）
迁移时间（年）	6.75 （5.42）	7.17 （5.40）	6.22 （4.95）	6.52 （4.82）

注：括号内为标准误。

资料来源：2011 年、2013 年全国流动人口卫生计生动态检测调查数据。

2. 流动人口特征

我国流动人口呈现出向大城市集聚的特征，北京 2014 年的流动人口规模分别为 888.03 万人，占全国流动人口总量的 3.51%。本章首先对留守儿童的父母即流动人口的特征做描述并比较。

由图 8 - 1（a）可知，北京地区流动人口的平均受教育年数随时间增加，表明流动人口的素质在逐年提高。由图 8 - 1（b）可知，2011 ~ 2014 年北京地区农村户籍的比例大致呈现出随年份逐渐下降的趋势。这可能与特大城市的控人政策有关，也可能是我国城镇化进程加快的结果。此外，由2013年的数据计算，对于北京地区流动人口而言，夫妻双方均流动的比例占92.57%，这表明在流动人口家庭中，夫妻双方更倾向于共同到大城市务工。

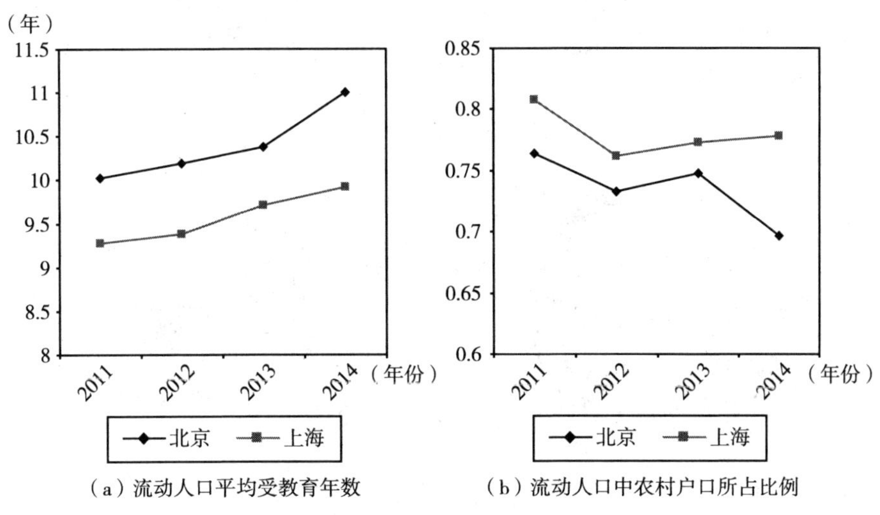

（a）流动人口平均受教育年数

（b）流动人口中农村户口所占比例

图8-1　2011~2014年流动人口的基本特征

资料来源：2011~2014年全国流动人口卫生计生动态检测调查数据。

3. 0~15岁流动人口子女特征

2011年流动人口的0~15岁子女中有64.62%随父母双方或一方迁至大城市，有35.38%的流动人口子女留守在户籍原地。在留守儿童中，有75.34%的留守儿童单独留守在户籍原地，有16.63%的留守儿童与母亲留守，8.02%的留守儿童与父亲留守在户籍原地。2013年与2011年留守儿童比例大致相同，但在留守儿童群体中，单独留守的留守儿童占比由2011年的75.34%增加到83.56%（见图8-2）。

2011年流动人口监测数据显示，流动人口子女有48.15%为独生子女，44.31%有一个兄弟姐妹，2013年与2011年类似。对于有两个孩子的流动人口家庭，由图8-3可知，54.65%的家庭中两个子女均随父母双方或一方迁移至大城市，29.35%的家庭中，两个孩子均留守在户籍原地；在16.01%的家庭中，一个孩子随迁，一个孩子留守。2013年的比例相似，两个孩子一个随迁、一个留守的比例略有增加。

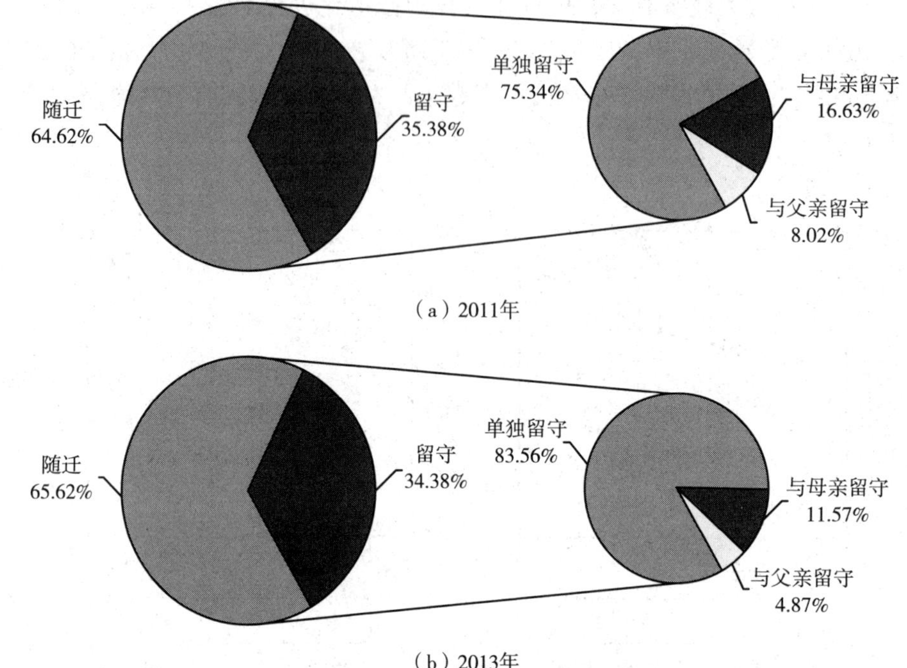

图 8－2　流动人口 0～15 岁子女的随迁类型

资料来源：2011 年和 2013 年全国流动人口卫生计生动态检测调查数据。

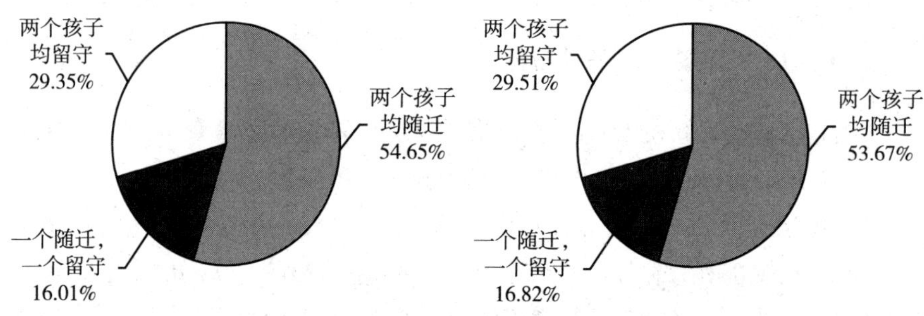

图 8－3　两个 0～15 岁孩子的流动人口家庭子女的随迁类型

资料来源：2011 年和 2013 年全国流动人口卫生计生动态检测调查数据。

4. 随迁比例随年份的变化

图 8－4 是 2010～2014 年流动人口子女随迁比例的变化。由图 8－4 可知，北京政策在 2012 年收紧后，流动人口子女随迁比例下降，而上海在 2010～2014 年流动人口随迁比例稳定上升，这初步支持了政策变化对

流动人口子女随迁有影响的假设。进一步猜想由于入学政策的变化主要针对的是小学阶段的学生，故图 8－5 考察了 2010～2014 年 6～12 岁流动人口子女随迁比例的变化，与图 8－4 较为一致，符合政策的变化情况。

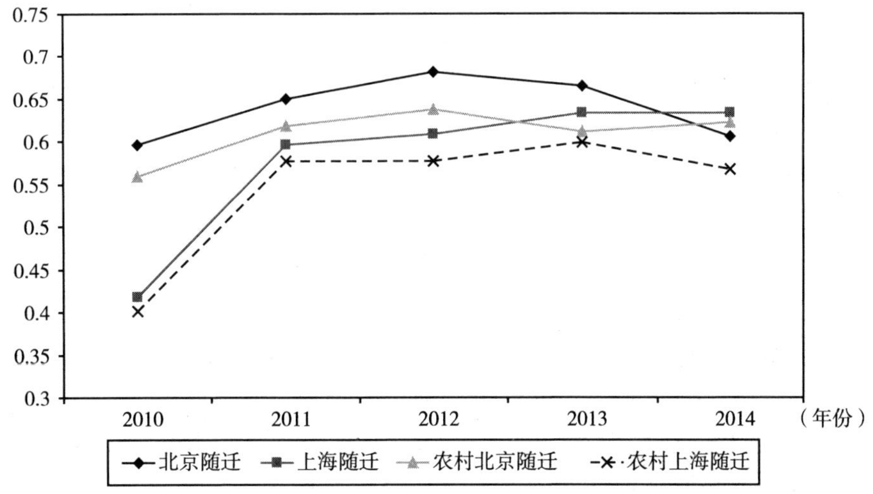

图 8－4　2010～2014 年 0～15 岁流动人口子女随迁比例的变化

资料来源：2010～2014 年全国流动人口卫生计生动态检测调查数据。

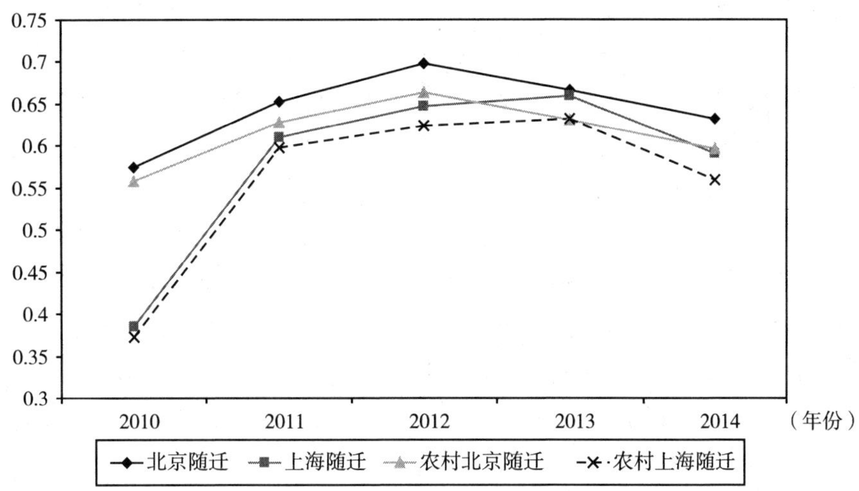

图 8－5　2010～2014 年 6～12 岁流动人口子女随迁比例的变化

资料来源：2010～2014 年全国流动人口卫生计生动态检测调查数据。

四、模型与方法

迁移决策往往通过比较迁移的成本和收益而做出。对于成年人的迁移决策，迁移的收益在很大程度上是大城市更多的就业机会和更高的工资（陆铭，2016）；而对于流动人口的子女，尤其是处于学龄期的子女，其是否随父母迁移可能很大程度上取决于大城市教育资源的可获得性。教育资源的可获得性一方面与当地的政策有很大关系，另一方面对于经济资本、社会资本较高的家庭，其子女也更容易获得教育资源。故本文在评估教育政策对流动人口子女随迁留守的影响时，也要控制家庭的基本特征。

双重差分模型（difference in difference，DID）常用于政策分析中，它是基于反事实框架分析政策发生与不发生两种情况下，被解释变量 y 的差异。当某外生政策冲击将样本分为受影响的处理组和不受影响的控制组，若两组样本在政策发生前有相同的变化趋势，可以将控制组在政策发生前后的差异作为处理组的反事实结果，即处理组未受到政策冲击时被解释变量 y 的变化情况。这样通过比较处理组在政策发生前后的变化以及控制组在政策发生前后的变化，即可得到政策干预的实际效果。在双重差分模型中，一个很重要的前提是平行性趋势假设成立，即处理组和控制组在政策干预前有相同的变化趋势。因此，本章选择上海、北京两城市的规模、人口背景高度相似的数据，通过图 8－4、图 8－5 可以看出，在 2012 年以前，北京、上海的流动人口随迁比例均在上升，其中上海在 2010～2011 年有较大幅度的上升，究其原因可能是上海在 2008 年启动农民工同住子女义务教育三年行动计划，放松了对流动人口子女的入学限制。在 2012 年后，北京的流动人口子女随迁比例开始下降，而上海仍然平稳上升。根据 2010～2014 年流动人口子女随迁比例的变化趋势可以判断：本章样本满足平行性趋势假设，故采取双重差分法估计教育政策对流动人口子女留守的影响。建立如下双重差分模型：

$$Y_{it} = \beta_0 + \beta_1 T_i + \beta_2 group_i + \beta_3 T_i \times group_i + \sum \gamma x_{it} + \varepsilon_{it}$$

其中，被解释变量 Y_{it} 代表流动人口子女是否留守；T 代表时间虚拟变量，政策实施前即2011年，赋值为0，政策实施后即2013年赋值为1；*group*代表分组虚拟变量，处理组赋值1，控制组赋值0。x_{it}代表其他控制变量，包括子女的个人特征、父母的个人特征、家庭特征等。在实证分析考察2012年北京实施收紧的宽松政策时，以2011年为政策实施前、2013年为政策实施后；北京为处理组，上海为对照组。

虽然本章样本通过了平行性趋势检验，但仍然担心处理组和控制组可能有不同的时间趋势，为了得到更准确的估计结果，采用PSM－DID的方法进行分析。PSM－DID的基本思路是在控制组中找到与处理组中流动人口子女、个人特征、家庭特征等相似的样本，解决处理组和控制组在教育政策变化前不满足共同趋势假设所带来的问题，之后再进行DID分析。在进行处理组和对照组的匹配时，需要度量个体间的距离。倾向匹配得分法对每个个体得到一维的变量，介于0～1之间，便于度量个体间距离从而找到匹配的个体。倾向匹配得分法可以使用不同方法进行匹配，包括最近邻元匹配、核匹配、半径匹配和局部线性回归等。

五、实证结果

表8－2考察了2011～2013年北京收紧的教育政策对流动人口子女留守的影响，估计结果显示，北京收紧的教育政策使得流动人口子女留守的可能性增加了4%。模型第二列进一步控制了子女特征、家庭特征，结果显示教育政策使得流动人口子女留守的可能性增加了3%。此外，子女的年龄、是否独生子女、出生地、父母的教育水平、户口性质、迁移时间及家庭收入均对子女是否留守有显著影响。子女年龄每增加1岁，其留守的可能性增加1.7%。因为孩子在学龄前受到的入学限制较小，流动性更强，随着年龄逐渐增加，到了学龄阶段，小学、初中和高中的入学门槛在逐渐增加，使年龄大的子女随迁的可能性更低。特别是我国的高考政策，使得大部分流动人口子女需要回原籍读高中，因此初二开始大量随迁子女会回原籍读书，报考当地高中。独生子女相对于非独生子女，留守的可能性下降6.9%；性别对其是否留守无显著影响；相比于子女在现居住地出生，在户籍地出生的子女，其留守的可能性显著增加26.3%；农村户口相比于城镇户口，子女留守的可能性显著增加了2.1%；家庭月收入每增加1%，

子女留守的可能性显著下降4.4%；流动人口的受教育年数每增加一年，平均而言其子女留守的可能性显著降低0.5%，迁移时间每增加一年，子女留守的可能性平均而言下降0.7%。

表8-2　北京收紧的教育政策对流动人口子女留守的影响

	(1) 全样本	(2) 全样本	(3) 农村户口	(4) 城市户口	(5) 一个孩子	(6) 一个孩子
组别	-0.066*** (0.012)	-0.055*** (0.011)	-0.053*** (0.012)	-0.057*** (0.021)	-0.092*** (0.017)	-0.082*** (0.015)
政策	-0.030*** (0.011)	0.022** (0.009)	0.027** (0.011)	-0.004 (0.018)	-0.059*** (0.015)	-0.001 (0.013)
组别×政策	0.040*** (0.015)	0.030** (0.013)	0.028* (0.015)	0.024 (0.025)	0.070*** (0.021)	0.053*** (0.018)
子女年龄		0.017*** (0.001)	0.020*** (0.001)	0.004** (0.002)		0.011*** (0.002)
独生子女		-0.069*** (0.007)	-0.073*** (0.008)	-0.049*** (0.014)		
子女性别		0.003 (0.006)	0.000 (0.007)	0.014 (0.012)		0.001 (0.009)
在户籍地出生		0.263*** (0.007)	0.282*** (0.009)	0.184*** (0.014)		0.255*** (0.010)
户口性质		0.021** (0.010)				0.036*** (0.012)
流动人口年龄		0.003 (0.005)	0.004 (0.006)	-0.027** (0.011)		0.012 (0.008)
流动人口年龄平方		-0.000** (0.000)	-0.000** (0.000)	0.000** (0.000)		-0.000** (0.000)
家庭月收入的对数		-0.044*** (0.006)	-0.040*** (0.007)	-0.057*** (0.010)		-0.030*** (0.008)
父辈受教育年数		-0.005*** (0.001)	-0.004** (0.002)	-0.014*** (0.002)		-0.005** (0.002)
迁移时间		-0.007*** (0.001)	-0.007*** (0.001)	-0.005*** (0.001)		-0.008*** (0.001)

续表

	(1) 全样本	(2) 全样本	(3) 农村户口	(4) 城市户口	(5) 一个孩子	(6) 一个孩子
母亲是否流动		-0.488*** (0.015)	-0.482*** (0.017)	-0.523*** (0.031)		-0.504*** (0.020)
父亲是否流动		-0.267*** (0.019)	-0.274*** (0.021)	-0.237*** (0.036)		-0.281*** (0.023)
常数项	0.378*** (0.009)	1.366*** (0.104)	1.314*** (0.118)	2.154*** (0.201)	0.355*** (0.012)	1.078*** (0.141)
N	17041	16948	13724	3224	8588	8526
R^2_a	0.002	0.253	0.230	0.285	0.004	0.254
F	13.155	382.642	294.161	92.825	13.006	208.759

注：括号内为标准误；* $p<0.1$，** $p<0.05$，*** $p<0.01$。

资料来源：2011 年、2013 年全国流动人口卫生计生动态检测调查数据。

考虑到这一政策对于农民工这样的弱势群体影响可能更大，本章分户口性质分别进行了分析。模型第三列的结果表明，对流动人口子女教育政策的收紧使得农业户口的流动人口子女留守的可能性显著增加了 2.8%，而对非农业户口无显著影响。此外，由于 1 个孩子的流动人口家庭所占比重最大，对只有一个孩子的样本进行回归的结果表明，政策对独生子女的影响更大，其留守的可能性显著增加 5.3%，可能是由于独生子女更可能随父母迁移，其受政策的影响更大。

六、样本异质性分析

1. 不同学龄段

考虑到 2012 年北京收紧的教育政策主要针对小学阶段的流动人口子女入学，故分年龄段进行回归。可以推测，对于 0 ~ 3 岁的学龄前儿童，不受教育政策的影响；处于 6 ~ 12 岁小学阶段的儿童，受教育政策影响最大；而对于 3 ~ 6 岁幼儿园阶段和 12 ~ 15 岁初中阶段的子女，可能受教育政策的波及的影响，也可能不受影响（见表 8 – 3）。

表 8-3　不同年龄组的回归结果

全样本	(1) 0~3 岁学前	(2) 3~6 岁幼儿园	(3) 6~12 岁小学	(4) 12~15 岁初中
组别	-0.051*** (0.020)	-0.068*** (0.021)	-0.044** (0.018)	-0.072** (0.028)
政策	0.021 (0.018)	0.020 (0.019)	0.037** (0.016)	-0.007 (0.024)
组别×政策	-0.021 (0.024)	0.032 (0.027)	0.050** (0.022)	0.042 (0.035)
常数项	0.402* (0.206)	1.515*** (0.230)	1.597*** (0.245)	2.379*** (0.576)
N	3615	3906	6452	2975
R^2	0.277	0.259	0.208	0.199
R^2_a	0.274	0.256	0.206	0.195
F	92.063	90.704	112.622	49.112

注：括号内为标准误；* $p<0.1$，** $p<0.05$，*** $p<0.01$。

由于篇幅原因正文中省略了控制变量。表 8-4 的结果表明，北京 2012 年收紧的教育政策仅对 6~12 小学阶段的儿童有影响，故这项政策显著增加了流动人口子女留守的可能性，对于幼儿园阶段及初中阶段的子女受该教育政策影响不显著，这与之前推测基本一致。

2. 留守类型

根据之前的描述性分析，留守儿童中有超过 3/4 为单独留守，少于 1/4 的与父母一方留守。表 8-4 进一步考察教育政策对不同留守类型的影响。结果表明，收紧的教育政策显著增加了儿童单独留守的可能性约 3.3%，这一结果大于主模型中的 3%。对于 6~12 岁的儿童，收紧的教育政策显著增加了儿童单独留守的可能性约 6.0%。这一政策对流动人口子女与父母一方单独留守无显著影响。在之前的描述性分析中，父母共同到大城市务工的流动家庭占比 90% 左右，收紧的教育政策使这部分家庭的子女更可能独自留守在户籍地，而非父母某一方陪同留守，故以教控人未必有效。

表 8－4　　　　　　　　不同留守类型的回归结果

	全样本（0～15 岁）			6～12 岁		
随迁＝0	（1）单独留守	（2）与母亲留守	（3）与父亲留守	（4）单独留守	（5）与母亲留守	（6）与父亲留守
组别	－0.060*** (0.011)	0.008 (0.007)	－0.009* (0.005)	－0.058*** (0.018)	0.007 (0.011)	－0.011 (0.009)
政策	0.024** (0.010)	－0.007 (0.007)	－0.011** (0.005)	0.031** (0.016)	－0.006 (0.010)	－0.011 (0.008)
组别×政策	0.033** (0.014)	－0.001 (0.009)	0.008 (0.006)	0.060*** (0.022)	0.003 (0.014)	0.014 (0.011)
_cons	0.560*** (0.107)	0.559*** (0.067)	0.295*** (0.048)	0.981*** (0.240)	0.417*** (0.149)	0.596*** (0.116)
N	15835	11964	11537	6769	4960	4825
R^2	0.173	0.104	0.065	0.139	0.090	0.071
R^2_a	0.173	0.103	0.064	0.138	0.087	0.069
F	255.419	106.438	61.672	84.189	37.530	28.299

注：括号内为标准误；* $p<0.1$，** $p<0.05$，*** $p<0.01$。

3. 技能偏向

教育水平是人力资本的一个重要代理变量，父母的教育水平可以较好地反映出一个家庭的人力资本水平，也能反映出父母技能的高低。以受教育年限 12 年为划分界限，受教育年数小于等于 12 年为低教育组；大于 12 年为高教育组（见表 8－5）。

表 8－5　　　　　　　父母的教育水平与儿童留守

	（1）母亲教育水平低	（2）父亲教育水平低	（3）母亲教育水平高	（4）父亲教育水平高
组别	－0.069*** (0.012)	－0.069*** (0.013)	－0.011 (0.023)	－0.017 (0.022)
政策	0.022** (0.011)	0.022** (0.011)	0.019 (0.021)	0.030 (0.019)
组别×政策	0.040*** (0.015)	0.038** (0.016)	0.001 (0.027)	0.004 (0.025)
常数项	1.556*** (0.122)	1.449*** (0.125)	1.655*** (0.269)	2.226*** (0.237)

续表

	(1) 母亲教育水平低	(2) 父亲教育水平低	(3) 母亲教育水平高	(4) 父亲教育水平高
N	13989	13615	2182	2556
R^2	0. 209	0. 204	0. 148	0. 203
R^2_a	0. 208	0. 203	0. 142	0. 198
F	230. 362	218. 038	23. 489	40. 492

注：括号内为标准误；* $p<0.1$，** $p<0.05$，*** $p<0.01$。

表8－5的估计结果显示，在母亲受教育年数低或者父亲受教育年数低的组别中，政策显著增加了流动人口子女的留守概率；在父母受教育水平较高的组别中，这一政策的影响不显著。这一估计结果表明，对流动人口子女的教育政策有明显的技能偏向性，对人力资本水平较低即父母技能低的家庭，流动人口子女留守的概率显著增加，而子女的留守尤其是单独留守又会对其学业、心理等产生一系列负向影响，其子女的人力资本水平往往也偏低。故这一政策在一定程度上也加剧了人力资本的代际流动。

七、稳健性检验

1. PSM－DID

为了解决控制组和处理组样本本身的差异，使估计结果更加稳健，进一步采用PSM－DID的方法进行稳健性检验。首先进行PSM效果检验，以2011年样本为例，采用局部线性回归的方法确定权重。见图8－6，做出匹配前后的核密度，从图中可以看出匹配前后处理组和对照组的共同支持域发生了较明显的变化。为了进一步观察匹配前后各变量标准化偏差的变化情况，表8－6和图8－7给出了各特征变量匹配前后标准化偏差。可以较为直观地看出，经过匹配，大部分变量的标准化偏差缩小到了0标准偏差线附近。表8－7显示了匹配前后倾向得分估计模型的联合显著性检验，表明匹配控制变量对处理发生可能性的解释程度，可以看出匹配后伪 R^2 很小，卡方由114.17降低到9.85，有较大幅度的减小，*P* 值明显增大，由显著变为不显著。这些检验为采用倾向匹配得分法得到处理效应提供了支持。

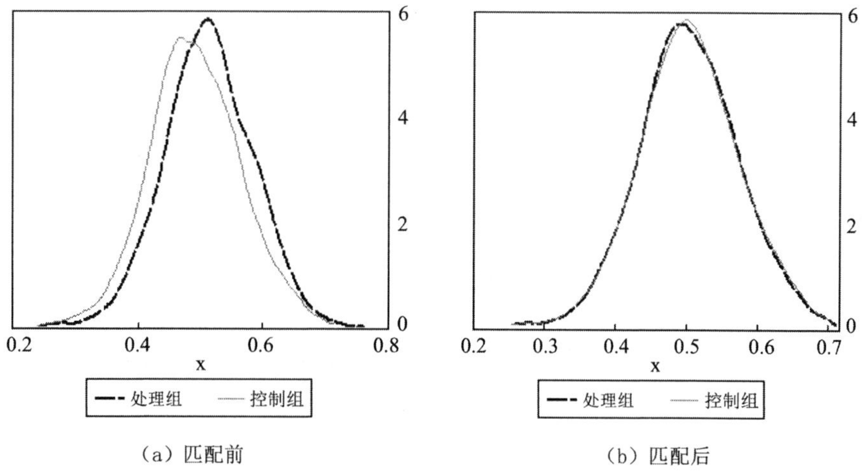

（a）匹配前　　（b）匹配后

图 8-6　2011 年样本匹配前后的核密度

注：受篇幅所限，此处以局部线性回归确定权重的方法给出了 2011 年匹配前后的核密度图。

表 8-6　2011 年匹配前后联合显著性检验

样本	伪 R^2	LR chi2	*P* 值
匹配前	0.014	114.17	0
匹配后	0.001	9.85	0.363

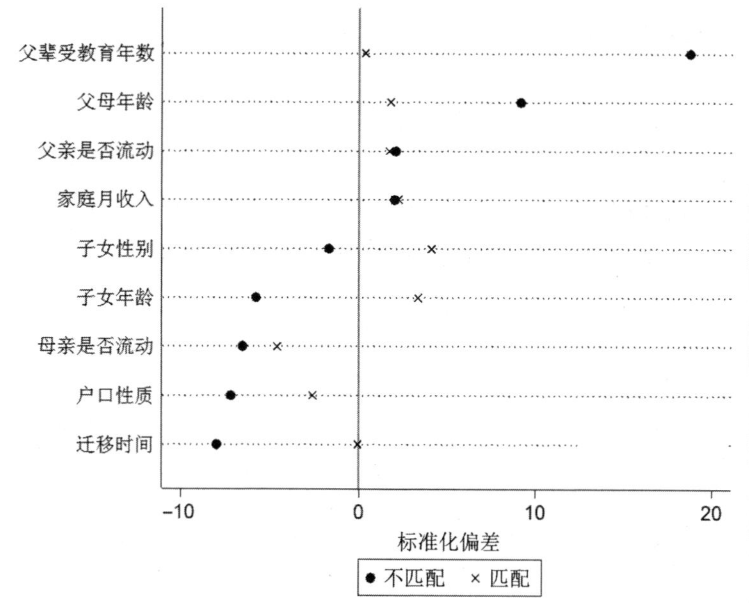

图 8-7　2011 年样本匹配前后标准化偏差变化

注：受篇幅所限，此处以局部线性回归确定权重的方法给出了 2011 年匹配前后的核密度图。

表 8-7　　PSM-DID 稳健性检验

	政策发生前后	处理组	匹配的控制组	处理组与控制组的差分	标准误	双重差分结果
局部线性回归	政策发生前	0.3118	0.3649	-0.0531***	0.0166	0.0337***
	政策发生后	0.3229	0.3422	-0.0194	0.0123	
半径匹配	政策发生前	0.3119	0.3753	-0.0634***	0.0127	0.0408***
	政策发生后	0.3229	0.3455	-0.0226**	0.0093	
近邻匹配	政策发生前	0.3119	0.3682	-0.0563***	0.0138	0.0283**
	政策发生后	0.3229	0.3508	-0.0280***	0.0101	
核匹配	政策发生前	0.3118	0.3799	-0.0681***	0.0126	0.0439***
	政策发生后	0.3229	0.3471	-0.0242***	0.0092	

注：(1) 半径匹配半径设定为0.01；(2) 近邻匹配中的元数设定为5；(3) 双重差分结果的显著性是进行独立样本的t检验得出的。**、*** 分别表示 $p<0.1$、$p<0.05$、$p<0.01$。

本章分别采用局部线性回归、半径匹配、近邻匹配和核匹配的方法确定权重，用logit回归估计得到处理组与控制组的倾向得分，然后计算处理组中个体是否留守与控制组中个体是否留守在教育政策实施前的差异以及政策实施之后的差异，得到处理组与控制组的差分，即平均处理效应(ATT)，最后对政策实施前后平均处理效应进行差分，用独立样本显著性检验计算显著性。表的结果显示，在运用PSM-DID方法检验后，多种匹配方法的平均处理效应（ATT）的差分均在0.028~0.043，表明教育政策对流动人口子女的留守有显著的正向影响，收紧的教育政策增加了流动人口子女留守的概率。

2. 对年份的敏感性

考虑到政策实施可能有一定的时滞性，加入2014年的数据进行分析(见表8-8)。模型1和模型3以2013、2014两年的样本作为政策实施后进行回归，模型2和模型4将2013年作为政策实施后第一期，2014年作为政策实施后第二期，分别与组别变量产生交叉项进入模型。模型的估计结果表明，随着这一教育政策的实施，相关措施的完善，北京收紧的教育政策对流动人口子女留守的影响也增强了。

表8-8　　　教育政策对儿童留守影响随时间的变化

	全样本（0~15）		0~12	
	(1)	(2)	(3)	(4)
组别	-0.049*** (0.011)	-0.049*** (0.011)	-0.051*** (0.017)	-0.051*** (0.017)
政策	0.023*** (0.009)	0.023*** (0.009)	0.035** (0.014)	0.035** (0.014)
组别×政策	0.022* (0.013)		0.044** (0.020)	
组别×政策(2013)		0.020 (0.013)		0.043** (0.021)
组别×政策(2014)		0.025* (0.013)		0.045** (0.022)
常数项	0.846*** (0.088)	0.849*** (0.088)	1.418*** (0.196)	1.419*** (0.196)
N	25232	25232	10715	10715
R^2	0.210	0.210	0.168	0.168
R^2_a	0.210	0.210	0.167	0.167
F	516.132	479.278	166.070	154.195

注：括号内为标准误；* $p<0.1$，** $p<0.05$，*** $p<0.01$。

八、结论

北京收紧的流动人口子女入学政策使得部分非京籍子女可能返回户籍原地或是到北京邻近的廊坊、衡水等河北的市县就读，形成了“环北京教育带”。教育政策对流动人口子女随迁、留守有什么影响是本书关心的主要问题。基于主模型的回归发现，北京收紧的教育政策对流动人口子女的留守随迁确实有显著的影响，收紧的教育政策会显著减少流动人口子女随迁的可能性，北京地区非京籍儿童返回户籍原地或是到周围河北的市县就读的可能性增加。这在一定程度上反映了流动人口子女的随迁决策与教育资源的可获得性有很大关系。子女作为非劳动力，是纯粹的消费者，对于

0～15 岁，尤其是 6～15 岁处于义务教育阶段的儿童而言，家庭在做出其随迁还是留守的决策时，不得不考虑流入地的教育资源是否易获得。这表明子女的随迁机制与流动人口的随迁机制是不同的，流动人口主要为了追求大城市更多的就业机会、更高的劳动报酬而做出迁移决策；而流动人口的子女作为处于义务教育阶段的消费者，其随迁的决策会受到大城市中教育政策的显著影响。

考察 2012 年北京收紧的流动人口子女入学政策发现，政策对农业户籍的人有显著影响，而对非农户籍的人无显著的影响，且这一政策主要影响处于小学阶段的流动人口子女。此外在分样本回归中，2012 年北京收紧的教育政策显著增加了流动人口子女单独留守的可能性，对于与一方留守无显著影响。这在一定程度上反映了以教育控人未必有效，且儿童单独留守对其学业成绩、身心健康的发展都有很大的负向影响，收紧的教育政策可能带来更多的单独留守儿童并产生一系列社会问题；在父母受教育水平不同的组别中分别进行回归发现，这一教育政策有明显的技能偏向性，对于父母受教育水平较高，父母技能高的家庭，收紧的教育政策对其子女留守的可能性无显著影响；而对于父母受教育水平低，父母技能低的家庭，收紧的教育政策显著增加了其子女的留守概率。进一步，父母受教育水平低的家庭，其子女留守可能性更高，这在一定程度导致人力资本的代际流动更加突出。

向大城市迁移能带来集聚效应，且不同技能的劳动力之间技能互补能提高城市整体效率，但我国的城乡分割、户籍制度对人们的迁移决策有很大影响。随着 2014 年严格控制特大城市人口数量的政策明确提出，北京在流动人口子女入学方面的限制越来越严格，试图通过教育控人，但这一目标未必能实现，且可能导致更多的留守儿童或是成为“候鸟学生”，而这些儿童在学业成绩、身心健康等方面往往发展较差，进一步使得流动人口子女的人力资本质量下降，阶层流动受阻，收入不平等进一步扩大等社会问题愈加严重。

第九章

京津冀地区教育代际持续性的变化趋势

近年来，关于“寒门再难出贵子”的讨论引起了社会广泛关注，代际流动问题一直是经济学和社会学领域关注的重要内容。代际流动性指子代在经济社会地位的分布中所处的位置相比于父代所处位置的变动情况，即子代社会地位相比于父代的转移（Dearden et al.，1997）。它对于保障社会公平有很大的作用，代际流动性较高，子代能够通过努力获得更高的社会经济地位，实现社会经济地位的转变，保证了机会平等（van，1998）；反之，社会流动性较低，底层人群很难通过努力向上层流动，这种纵向的代际传递会使得收入差距扩大，社会阶层固化，对社会和谐稳定、经济的持续发展均会造成较大的负向影响。

“知识改变命运”这类名言警句激励了一代代人试图通过读书实现向上层阶级的流动，无论是封建社会的科举制还是1977年高考恢复，教育一直是中下阶层向上流动的重要途径。然而20世纪90年代之后尤其是90年代末高校扩招以来，教育公平问题引起了许多人关注（如刘精明，2008；李春玲，2010；孟凡强等，2017；邵宜航和徐菁，2017）。尽管接受高等教育人比例越来越多，但是不同家庭背景的学生接受高等教育的机会相差甚远，越来越少的农村子女进入中国的顶尖高（杨东平，2006），北京大学2000年以来的农村子弟仅占10%左右，清华大学本科生中农村生源从1990年21.7%下降到2010年17.6%；来自农村的大学生主要分布在非重点地方院校。[①] 假设人力资本投资的回报率恒为正，教育机会的不平等将会导致收入差距扩大，农村子女或家庭经济贫困的子女更难通过教育实现

① 黄泽全：《为中非合作尽力》，载于《人民日报》2002年1月16日。

向上的阶层流动。许多学者研究发现教育对促进代际收入流动性有很重要的作用（郭丛斌、闵维方，2007；Black and Devereux，2010；陈琳、袁志刚，2012；孙三百等，2012），然而教育资源分配不公，一些宏观政策（如教育政策、改革开放等）的影响使得教育的代际流动性在不同时期受到了不同的影响，因此研究教育代际传递性的变化趋势有很重要的意义。

本章使用2000年全国普查数据和2005年全国1%抽样调查数据研究京津冀地区教育代际传递性的变化趋势，分子女性别，户口性质、地区差异分别考察了京津冀地区父亲—子代和母亲子代的教育代际持续性及变化趋势。

一、文献综述

国内外有大量关于代际流动方面的研究成果。贝克尔和托姆斯（Becker and Tomes，1979）最早建立了收入代际传递的均衡模型，认为代际传递依赖于遗传和父母对子女的投资倾向。之后关于代际传递的文献大量涌现，主要集中在收入、职业和教育三方面。许多研究认为，父母教育程度对子女受教育程度存在显著的正向影响，主要采用双胞胎数据、领养子女数据或者使用工具变量探讨这种因果效应。

采用双胞胎数据的方法基于双胞胎能力相同的假设，通过差分消除不可观测因素（主要是能力）的影响，避免内生性问题，但是研究结果不稳健，依赖于数据的处理方式。例如：贝尔曼和罗森茨韦宁（Behrman and Rosenzweing，2002）采用明尼苏达州的双胞胎登记数据发现父亲对子女的受教育程度有正向影响，而母亲的影响不显著；安东诺维奇和戈德伯格（Antonovics and Goldberger，2002，2005）认为父母教育对子女的教育均有显著正向影响，但是母亲的影响小于父亲；普罗拉脱（Pronzato，2012）采用挪威双胞胎数据对结果的稳健性进行了分析，结果发现母亲受教育程度对子女受教育程度的影响依赖于使用的样本大小。双胞胎数据法因为无法排除其他个人不可观测特征，配偶对其影响等而受到质疑。

领养子女法基于领养子女与养父母之间无遗传关系，将先天能力和后天教养环境进行了区分。例如普拉格（Plug，2004）使用美国数据研究发现父亲教育对子女教育有显著的正向影响，母亲的受教育程度对子女的教育无显著影响。萨克多特（Sacerdote，2007）使用美国数据研究发现母亲的受教育年限对亲生子女有较大的正向影响，而对养子女无显著影响，因此认为教育代际传递的遗传因素影响较大。由于领养子女样本量通常较少且收养不随机，这种方法的可靠性也受到质疑。

工具变量法通过找到某种外生冲击使父母学历出现差异从而识别出父母受教育程度对子女教育的影响。义务教育法改革是常用的工具变量，希瓦利埃（Chevalier，2004）基于英国1957年义务教育法改革进行了研究，发现父亲教育对子女教育无显著影响，母亲教育对子女教育有较大的正向影响；布莱克（Black，2005）利用挪威义务教育改革造成的义务教育年限发生变化来识别因果关系，发现使用工具变量的结果不显著；李云森（2009）使用CHIP2002数据，以中国20世纪70年代农村基础教育普及政策作为父母受教育年限的工具变量，研究发现父母的教育年限对子女的教育年限有显著的正向影响，并且母亲的影响更大。林莞娟和张戈（2015）使用2005年中国1%抽样调查数据，以中国1978～1982年的学制改革作为工具变量研究教育的代际流动，结果发现父母教育年限对子女教育有显著的正向影响并且母亲的影响更大。此外，也有以教育成本、学潮运动等为工具变量的研究。卡那里奥等（Carnerio et al.，2007）以学生教育成本作为工具变量研究发现父母教育对子女8岁时的阅读和数学成绩有显著正向影响。莫林和麦克纳利（Maurin and McNally，2008）以法国学潮运动导致高等教育入学门槛变低为工具变量，识别父母教育和子女教育之间的因果关系。

总体来看，三种方法中双胞胎数据法和收养子女数据法研究的结果认为父亲的教育对子女的教育影响更大；而工具变量法的研究结果大多认为母亲教育对子女教育影响更大。霍姆隆德等（Holmlund et al.，2011）认为，这一差异与使用的样本有关，受教育程度较高的父母更可能领养孩子，因此用领养子女的数据样本，父母的学历程度通常较高；而学制改革等教育政策对低教育程度的父母影响更大，因此用工具变量法的数据样本，通常父母的受教育年限较少。

也有文章研究了教育代际传递的差异及变化趋势。赫兹等（Hertz et al.，2007）研究了42个国家教育代际传递50年间的变化趋势，发现拉丁美洲的教育代际相关性最高，北欧国家最低；年龄更大的群体中，父母对子女的教育代际持续性更大。马辟（2014）使用“西部民族地区经济社会发展问卷调查（2011）”数据，采用OLS回归研究了教育代际传递的民族差异，认为少数民族 16~25 岁群体的代际流动比同年龄段的汉族群体低，26 岁以上群体的代际流动性比同龄段汉族群体高。孙永强和颜燕（2015）基于 2012 年中国家庭追踪调查（CFPS）数据，使用 logit 模型从城乡居民和城乡户籍两个角度分析了中国城乡教育的代际传递，结果发现，父亲教育对子女教育的影响无显著的城乡差异，母亲对子女的教育有显著的城乡差异，其中母亲教育对农村户口子女接受小学教育的影响较大，而对城镇户口子女进入大学的影响更大。赵红霞和冯晓妮（2016）采用 CHARLS2013 年的数据通过转化矩阵法分析了不同地区教育的代际流动性，结果发现代际流动性的地区差异不显著，但是向上流动和向下流动存在显著差异，中部和东部地区向上流动率高于西部和全国平均水平。本文研究教育代际传递的差异及变化趋势，不同于已有的文献，将研究样本限定在了京津冀地区，从子女性别、户口性质、地区差异角度详细考察了父亲—子代和母亲—子代的教育代际持续性和变化趋势。

二、数据描述

本章使用 2000 年人口普查数据和 2005 年全国 1% 人口抽样调查数据，分析京津冀地区教育代际持续性的变化趋势。人口普查数据和抽样调查数据以家户为样本做调查，包含家庭成员的基本信息，如性别、年龄、民族和户口性质等。采用户主—配偶—子女的配对方式，确定子女及父母的信息。考虑到通常 15 岁以下的人口可能仍在上学，并且在样本中，15~20 岁子女仍在上学的比例高达 65.9%，本章所使用的数据去掉了子女年龄在 20 岁以下的样本以及子女仍然在校的样本。本章将受教育程度与受教育年数之间进行如下转换：未上过学——0 年，小学——6 年，初中——9 年，高中——12 年，大学专科——14 年，大学本科——16 年，研究生及以上——19 年。按照子女的出生年份划分了 7 组，分别是 1955 年之前出生的人（含 1955 年）、(1955，1960]、(1960，1965]、(1965，1970]、(1970，1975]、(1975，1980] 和 (1980，1985]。

1. 父母与子女的受教育程度

图 9-1 是京津冀地区子女和父母受教育程度的分布图，由图可知，子

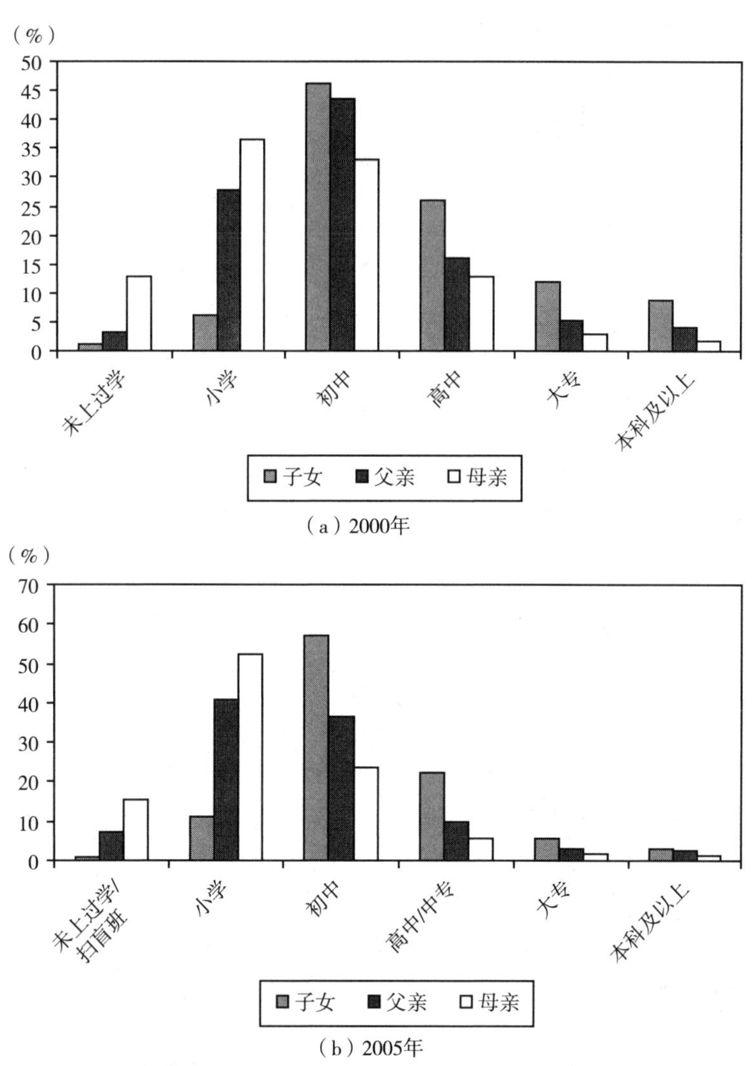

图 9－1　2000 年、2005 年京津冀地区子女和父母受教育程度的分布

资料来源：2000 年全国人口普查数据；2005 年全国 1% 抽样调查数据。

女受教育程度为初中及以上的比例大于父母受教育程度初中及以上的比例，父母受教育程度为小学及以下的比例明显高于子女，反映了随着时间的推移下一代人相比上一代人整体的受教育程度明显提高。子女的受教育程度分布最靠左，而母亲的受教育程度分布最靠右，表明整体来看子女的受教育水平最高而母亲的受教育水平最低。图 9－2 也反映了这种趋势，随时间推移，人们的平均受教育年数在增加，尤其是女性的受教育年数有较大幅度的增长。1955 年以前出生的人，其母亲的平均受教育年数仅为 3. 36 年，父亲的平均受教育年数约为母亲的两倍为 6. 72 年；对于 1980 ~ 1985 年之间出生的人，其母亲的平均受教育年数增加到了 8. 05 年，父亲的平均受教育年数增加到了 9. 13 年，两者均有较大幅度的增长。

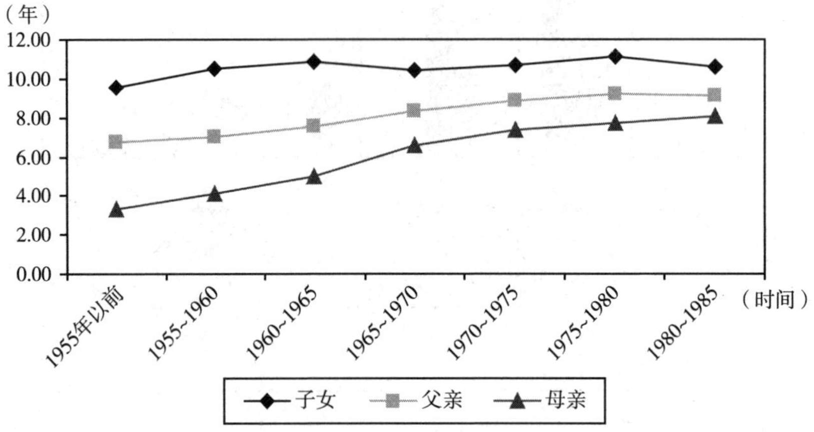

图 9 –2　京津冀地区父代—子代受教育年限变化趋势

资料来源：2005 年全国 1% 抽样调查数据。

图 9 –3 对比了京津冀三个地区人们受教育程度的变化趋势。整体看，三个地区人群的受教育程度随时间推移均有一定幅度的增长，且北京地区

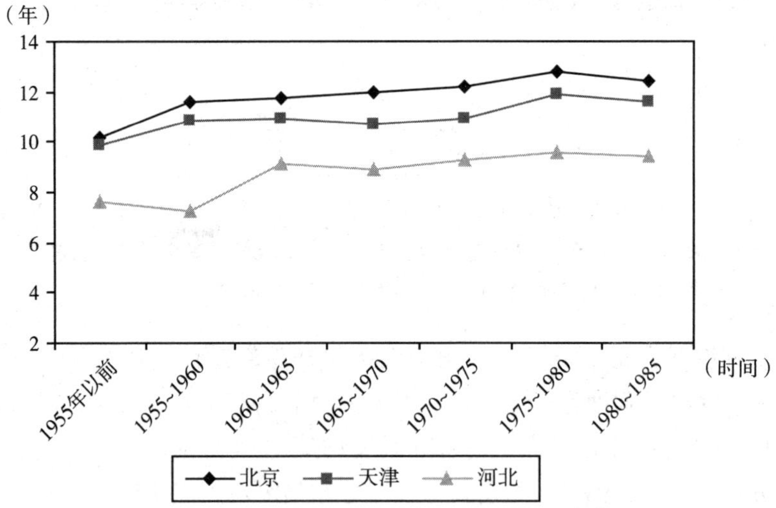

图 9 –3　京津冀三个地区子女受教育年限对比

资料来源：2005 年全国 1% 抽样调查数据。

的平均受教育年数始终高于天津和河北省，反映了大城市的人平均受教育水平较高。

2. 数据的描述性统计

本章使用2000年全国人口普查数据和2005年全国1%人口抽样调查数据研究京津冀地区教育代际传递的持续性，被解释变量为子女的受教育程度（受教育年数），见表9－1，无论是2000年人口普查数据还是2005年1%抽样调查数据，北京的人均受教育年限均在三个地区中最高约为12年，河北最低约为9.3年；父母平均年龄大约比子女平均年龄高28~29岁符合实际情况；北京和天津两个直辖市中仅有22%~29%为非农业户口，而在河北的数据中，农业户口所占比例高达82%。父母的平均受教育年数均低于子女的平均受教育年数，北京的样本中，父母的受教育年数仍然最高，河北最低并且父亲的平均受教育年数始终高于母亲的平均受教育程度。

表9－1　　变量的描述性统计

变量		2000年			2005年		
		北京	天津	河北	北京	天津	河北
子女受教育程度（百分比）	未上过学	0.50	1.09	0.79	0.75	0.92	1.54
	小学	2.91	7.74	13.42	1.70	5.02	9.02
	初中	30.17	39.13	66.00	22.88	32.94	69.06
	高中/中专	40.98	36.41	15.98	36.81	33.81	13.96
	大专	13.63	10.05	2.91	20.26	15.60	4.53
	本科及以上	11.80	5.57	0.89	17.61	11.71	1.89
平均受教育年数		11.64 (2.67)	10.66 (2.72)	9.21 (2.08)	12.27 (2.78)	11.40 (2.90)	9.37 (2.29)
子女平均年龄		30.46 (8.08)	28.14 (7.32)	25.82 (6.06)	30.53 (8.59)	28.74 (8.24)	26.35 (6.45)
子女性别（1＝男性）		0.63 (0.48)	0.69 (0.46)	0.68 (0.47)	0.63 (0.48)	0.62 (0.49)	0.68 (0.47)
子女的户籍状况		0.26 (0.44)	0.31 (0.47)	0.80 (0.40)	0.22 (0.42)	0.29 (0.45)	0.82 (0.38)

续表

变量	2000 年			2005 年		
	北京	天津	河北	北京	天津	河北
父亲年龄	59.77 (9.60)	57.20 (8.65)	54.53 (8.18)	58.79 (9.63)	56.78 (9.19)	54.20 (8.05)
母亲年龄	58.08 (9.13)	56.04 (8.74)	52.39 (7.12)	57.83 (9.60)	55.93 (9.15)	52.73 (7.42)
父亲平均受教育年数	9.29 (3.78)	8.66 (3.29)	7.42 (2.94)	9.90 (3.45)	9.33 (3.18)	8.13 (2.82)
母亲平均受教育年数	7.49 (4.31)	7.00 (3.97)	6.20 (2.88)	8.41 (4.04)	7.99 (3.74)	6.45 (3.31)

注：括号中为标准误。

资料来源：2000 年全国人口普查数据；2005 年全国 1% 抽样调查数据。

三、京津冀教育代际持续性分析

本章研究京津冀地区教育的代际持续性，教育代际传递持续性越强，代际流动性越弱，父母与子女教育程度的相关性越高，表明父母学历较高，子女学历通常也较高，人力资本积累更多，更可能在劳动力市场中获得较高的收入，从而减弱了代际收入流动性。衡量代际传递性通常有两种方法，回归系数法和转换矩阵法，下文通过两种方法分析京津冀地区教育代际持续性的变化趋势。

1. 回归系数法

首先采用回归系数法进行分析，使用 OLS 模型估计父母受教育年数对子女受教育年数的影响。被解释变量为子女受教育年数，核心解释变量为父（母）亲受教育年数。回归方程如下：

$$edu_t = \beta_0 + \beta_1 edu_{t-1} + \sum \beta_i X_i + \mu$$

其中，edu_{it}代表子女的受教育年数，edu_{t-1}代表父母的受教育年数，X_i代表控制变量，包括子女年龄、子女年龄平方、父（母）年龄、父（母）年龄平方、子女性别、户口性质。β_1即为所讨论的代际传递持续性（见表 9-2）。

表 9-2　京津冀教育代际传递持续性

	子代—父亲				子代—母亲			
	(1)	(2)	(3) 农业户口	(4) 非农户口	(5)	(6)	(7) 农业户口	(8) 非农户口
父亲受教育年数	0.440*** (0.007)	0.224*** (0.007)	0.138*** (0.010)	0.277*** (0.010)				
母亲受教育年数					0.381*** (0.006)	0.189*** (0.006)	0.109*** (0.008)	0.247*** (0.009)
户口性质（1=农业户口）		-3.109*** (0.044)				-3.050*** (0.045)		
子女性别（1=男孩）	-0.601*** (0.048)	-0.290*** (0.040)	-0.015 (0.052)	-0.561*** (0.061)	-0.586*** (0.047)	-0.305*** (0.040)	-0.067 (0.053)	-0.493*** (0.060)
子女年龄	0.043* (0.026)	0.059*** (0.022)	0.097*** (0.026)	-0.038 (0.039)	0.047* (0.025)	0.044** (0.021)	0.102*** (0.027)	-0.016 (0.035)
子女年龄平方	-0.001*** (0.000)	-0.002*** (0.000)	-0.002*** (0.000)	-0.000 (0.001)	-0.001*** (0.000)	-0.001*** (0.000)	-0.002*** (0.000)	-0.001 (0.000)
父亲年龄	0.227*** (0.032)	0.100*** (0.027)	0.075** (0.032)	0.132*** (0.049)				
父亲年龄平方	-0.001*** (0.000)	-0.001*** (0.000)	-0.001*** (0.000)	-0.001** (0.000)				
母亲年龄					0.146*** (0.033)	0.062** (0.028)	0.072** (0.035)	0.085* (0.048)
母亲年龄平方					-0.001* (0.000)	-0.000 (0.000)	-0.001* (0.000)	-0.000 (0.000)
常数项	-1.279 (0.780)	6.914*** (0.668)	4.830*** (0.822)	6.859*** (1.167)	1.524** (0.772)	8.438*** (0.666)	5.170*** (0.857)	7.826*** (1.119)
样本量	12383	12374	6507	5867	12386	12378	6205	6173
R^2	0.261	0.474	0.072	0.174	0.262	0.464	0.072	0.174
R^2_a	0.261	0.474	0.071	0.173	0.262	0.464	0.071	0.174
F	730.337	1595.023	83.969	205.302	732.962	1530.459	80.127	217.234

注：括号中为标准误；* $p<0.1$，** $p<0.05$，*** $p<0.01$。
资料来源：2005 年全国 1% 抽样调查数据。

表 9-2 所示为父代—子代受教育年数的回归结果，第一列和第五列没有控制户口性质，回归结果表明，平均而言父亲受教育年数增加一年子女

受教育年数增加0.44年，母亲平均受教育年数增加一年，子女受教育年数增加0.38年。这表明了子代与父代的平均受教育年数有较强的相关性，教育代际传递持续性较强，并且父亲的受教育年数相比母亲对子女的影响更大，这与范瑟拉瑞（Fesslery，2009）等人的结果一致。第二列和第六列控制了户口性质，父母受教育年数的回归结果减小，平均而言父亲受教育年数增加一年，子女受教育年数增加0.22年，母亲受教育年数增加一年，子女受教育年数增加0.19年，模型拟合度由0.26增大到0.47，表明父母受教育年数与子女受教育年数之间的相关性受户口性质的影响，农业户口相比非农业户口，父母的受教育年数更低，并且农业户口对子女受教育年数有负向影响，当遗漏"户口性质"变量时，将使得估计结果上偏。其他控制变量估计结果表明，男性相比女性而言平均受教育年数少0.3年，考察男女受教育程度的分布发现，男性有58%样本受教育程度为初中及以下，女性有56%的样本受教育程度为高中及以上，表明了女性的受教育程度越来越高。子女年龄以及父母年龄均呈现了倒"U"形关系，以子女年龄为例，转折点大约出现在20岁左右，即20岁之后，子女年龄越大，平均受教育年数减少，说明出生更早的人平均受教育年数较少，我国整体的受教育水平随年份显著增加。

第3~4列和7~8列分户口性质进行回归，在农业户口的样本中，父母受教育年数对子女受教育年数的影响小于非农业户口的样本。平均而言，父亲受教育年数增加一年，农业户口的子女受教育年数显著增加0.13年，非农业户口的子女受教育年数显著增加0.28年；母亲受教育年数增加一年，农业户口子女的受教育年数平均增加0.11年，非农业户口的子女平均受教育年数增加0.25年，母亲的受教育程度对子女受教育程度的影响小于父亲。

（1）性别差异。表9－3分京津冀三个地区考察了父—子、父—女、母—子、母—女的教育代际传递持续性。由京津冀地区的回归结果可知，无论是父亲还是母亲，对女孩的教育代际传递持续性更强，并且父亲与子女代际教育相关性高于母亲；分京津冀三个地区来看，河北的教育代际持续性低于北京、天津两个直辖市，除了父亲对女儿的教育代际持续性天津地区高于北京地区外，父—子、母—子、母—女的代际教育相关性北京地区均高于天津地区。

表 9－3　　分性别的教育代际持续性

	京津冀	北京	天津	河北
父—子	0.220 *** (0.008)	0.245 *** (0.018)	0.235 *** (0.015)	0.166 *** (0.012)
样本量	8017	1579	2592	3846
调整 R^2	0.447	0.357	0.424	0.290
父—女	0.233 *** (0.012)	0.219 *** (0.022)	0.242 *** (0.020)	0.205 *** (0.019)
样本量	4357	978	1609	1770
调整 R^2	0.497	0.325	0.388	0.370
母—子	0.182 *** (0.007)	0.225 *** (0.017)	0.203 *** (0.013)	0.108 *** (0.010)
样本量	7981	1695	2680	3606
调整 R^2	0.438	0.352	0.420	0.294
母—女	0.201 *** (0.010)	0.222 *** (0.020)	0.214 *** (0.019)	0.135 *** (0.015)
样本量	4397	1000	1699	1698
调整 R^2	0.484	0.320	0.380	0.366

注：括号中为标准误。

资料来源：2005 年全国 1% 抽样调查数据。

（2）变化趋势分析。京津冀教育代际持续性的变化趋势如表 9－4 所示。

表 9－4　　京津冀教育代际持续性的变化趋势

	(1) 京津冀	(2) 北京	(3) 天津	(4) 河北	(5) 京津冀	(6) 北京	(7) 天津	(8) 河北
父亲受教育年数	0.169 *** (0.026)	0.184 *** (0.047)	0.101 ** (0.044)	0.144 *** (0.054)				
60s * 父亲受教育年数	0.021 (0.030)	0.040 (0.054)	0.089 * (0.051)	－0.025 (0.060)				
70s * 父亲受教育年数	0.090 *** (0.028)	0.081 (0.051)	0.185 *** (0.047)	0.062 (0.056)				
80s * 父亲受教育年数	0.043 (0.028)	0.018 (0.053)	0.145 *** (0.048)	0.023 (0.056)				

续表

	(1) 京津冀	(2) 北京	(3) 天津	(4) 河北	(5) 京津冀	(6) 北京	(7) 天津	(8) 河北
母亲受教育年数					0.245*** (0.022)	0.257*** (0.036)	0.185*** (0.033)	0.316*** (0.077)
60s×母亲受教育年数					-0.090*** (0.025)	-0.055 (0.041)	-0.042 (0.040)	-0.258*** (0.081)
70s×母亲受教育年数					-0.021 (0.023)	-0.011 (0.041)	0.086** (0.037)	-0.173** (0.078)
80s×母亲受教育年数					-0.081*** (0.023)	-0.060 (0.043)	0.005 (0.037)	-0.209*** (0.078)
60s	-0.429 (0.288)	-0.722 (0.570)	-1.390*** (0.496)	0.781* (0.450)	0.525*** (0.200)	0.676* (0.367)	-0.288 (0.323)	1.515*** (0.380)
70s	-0.744** (0.319)	-0.809 (0.648)	-2.107*** (0.553)	0.517 (0.496)	0.355 (0.245)	0.665 (0.481)	-1.036** (0.404)	1.421*** (0.446)
80后	0.083 (0.342)	0.126 (0.708)	-1.318** (0.596)	1.243** (0.527)	1.183*** (0.273)	1.463** (0.569)	-0.034 (0.461)	2.084*** (0.474)
常数项	4.926*** (0.827)	5.671*** (2.020)	4.602*** (1.522)	4.927*** (1.124)	6.183*** (0.804)	4.482** (1.988)	6.291*** (1.461)	5.436*** (1.129)
N	12374	2557	4201	5616	12378	2695	4379	5304
R^2	0.477	0.364	0.434	0.320	0.467	0.360	0.427	0.324
R^2_a	0.476	0.360	0.432	0.318	0.466	0.357	0.425	0.323
F	866.672	111.816	246.828	202.836	832.584	116.232	250.353	195.261

注：括号中为标准误；* $p<0.1$，** $p<0.05$，*** $p<0.01$。

注资料来源：2005年全国1%抽样调查数据。

为考察京津冀地区教育代际持续性随年份的变化，加入了年份与父母受教育年数的交叉项进行回归。按出生年份分为了四组：1960年及之前（对照组）、(1960，1970]、(1970，1980]和1980年之后。就父亲与子代受教育年数的回归结果来看，京津冀地区尤其是天津市70年代出生的子女，父亲—子女教育代际传递持续性高于60年代前出生的子女；对于母亲与子代的教育代际传递性，河北60、70、80年代出生的子女相比60年代前出生的子女，教育代际相关性均降低；天津70年代出生的子女相比60年代前出生的子女，教育代际相关性增强。

为了进一步详细考察京津冀地区教育代际持续性的变化趋势，按子女的出生年份进一步详细划分为7组，如图9-4（a）和（b）分户口性质分别做出了父亲—子代、母亲—子代教育代际持续性的变化趋势。整体来看，父亲—子代的教育代际传递性大致呈倒“U”形关系，转折点出现在

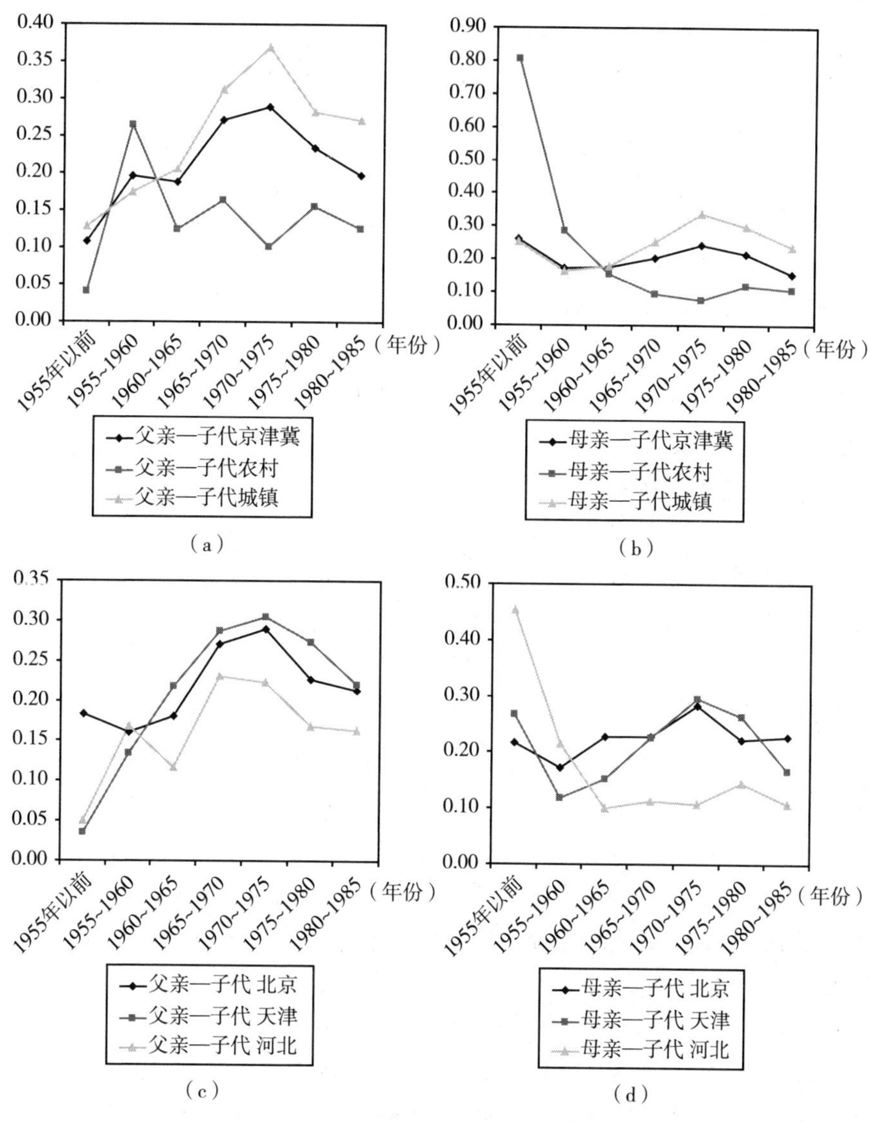

图 9－4　京津冀教育代际持续性的变化趋势

资料来源：2005 年全国 1% 抽样调查数据。

子女出生年份在 1970 ~ 1975 年的组别。60 年代之前出生的人群大致在“文化大革命”期间（1966 ~ 1976）接受的教育，一方面，这一时期我国处于严格的计划经济时期，子女接受教育的机会更多依赖于父母的政治身份而与父母的受教育程度关系不密切，同时这一阶段的人力资本投资回报率也相对较低，从家庭进行跨代效用最大化决策的角度考虑，父母相应会减少对子女的人力资本投资；另一方面，我国自1951年提出了10年内基本普及小学教育的政策，降低了父母与子女之间的教育代际相关性，因此这一阶段出生的人群教育代际传递性相对较低。1960～1970年出生的人群教育代际相关性持续增高，这一组别的人群基本在高中阶段赶上了1977年高考恢复，家庭背景较好的学生更可能在高考中取得好成绩进入高等教育阶段。同时，这一阶段正值改革开放时期，社会主义市场经济体制正在发展和完善，对高技能人才较为需要人力资本投资回报率较高，父母在进行家庭跨代效用最大化决策时会增加对子女的教育投资，受家庭财富的约束，家庭背景更好的父母更可能增加对子女的教育投资，因此这一阶段出生的子女代际教育持续性较高。

1970年之后出生的人群教育代际持续性逐渐降低，可能原因是1986年《义务教育法》的颁布，九年义务教育的确立使得这一阶段出生的人接受初中教育的机会增加，整体教育水平有明显的提高，降低了父母受教育程度对其教育机会的影响，使得教育代际传递性降低。1980～1985年出生的人群大概在1998年高中毕业，1999年高校扩招政策使这一组别的人群接受高等教育的机会增加，在一定程度上可能降低了教育代际持续性。

分户口性质对比可以发现，农村的教育代际持续性低于城镇，随年份波动没有明显的增减趋势，其中1955～1960年出生的组别代际持续性较强。(见图9－4（c）)。对比北京、天津、河北三个地区的数据，发现教育代际持续性均随年份呈现先增加后减少的变化趋势。天津的教育代持续性略高于北京，明显高于河北的教育代际传递性，可能原因是北京和天津作为两个直辖市，非农业户口的人群占比较大，在分户口性质回归时发现非农业户口的组别中，教育代际相关性更强。

图9－4（b）、（d）所示为母亲—子代的教育传递持续性的变化趋势，京津冀地区和非农业户口的人群中，整体呈现先减后增再减的趋势，前一个转折点出现在1955～1960年之间出生的人群，后一转折点与父亲—子代一致，出现在1970～1975年出生的组别。相比于父亲—子代教育持续性的变化趋势，母亲—子代中1955～1960年出生的子女相比1955年之前出生的子女教育代际传递性下降，尤其在农业户口的群体，一直到1975年教育代际传递性持续下降，可能原因是“文化大革命”期间虽然教育遭到严重破坏，但是农村的普及教育却得到了很大的发展。据《中国教育成就统计资料（1949—1983）》的统计资料，1971年全国农村小学数量高达93.1万

所，1975 年增加到最高峰，1976 年农村小学生数量达到了全国的 88.5%。

对比母亲—子代与父亲—子代的教育代际持续性变化趋势，发现 60 年代之前出生的群体母亲的教育代际持续性高于父亲，可能原因是这一阶段出生的子女在上小学时恰逢普及小学教育的阶段，很多研究表明了母亲受教育程度对子女接受初等教育机会的影响大于父亲（孙永强、颜燕，2015），因此可能导致了这一阶段出生的人群母亲—子代的教育相关性更高。

为了进一步对比北京、天津和河北三个地区的教育代际持续性的变化趋势，图 9 -5 做出了不同区间代际传递的持续性及 95% 置信区间。由图可知，整体来看三个地区的教育代际持续性均呈现先增后减的趋势，95% 置信区间的长度随着年份先增加后缩小，表明出生年份靠后的组别估计结

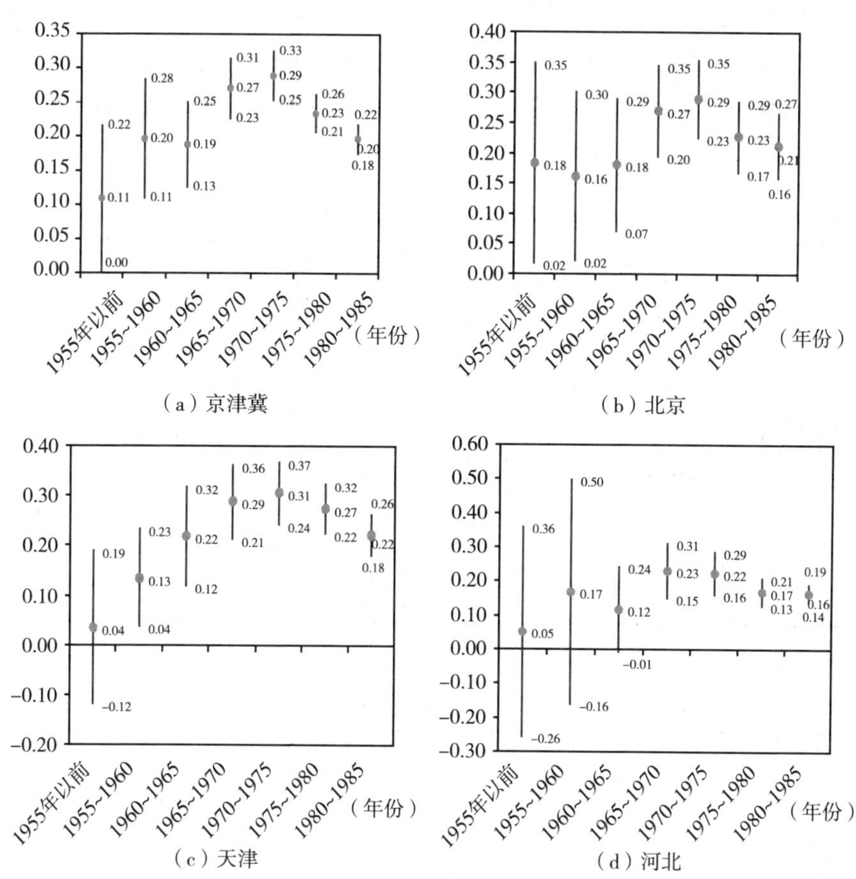

图 9 -5　父亲—子代教育代际持续性 95% 置信区间

资料来源：2005 年全国 1% 抽样调查数据。

果更加准确。天津和河北 1955 年前出生的组别估计结果不显著，也表明出生年份较早的组别代际传递持续性较低；北京和天津的 95% 置信区间的范围重合度较大，明显高于河北教育代际持续性的 95% 置信区间。

通过京津冀地区教育代际持续性变化趋势分析，发现 1950 ~ 1985 年出生的人群，教育代际持续性先增加后下降，北京和天津两个直辖市的教育代际持续性大致相同，均高于河北的教育代际传递持续性；分户口性质的讨论发现，非农业户口的教育代际持续性强于农业户口的人群。

2. 转换矩阵法

转化矩阵法通常用来分析代际流动性，相比回归系数法能够更直观地反映代际间的流动方向。见表 9 - 5 和表 9 - 6，将学历等级按高低依次分为小学及以下、初中、高中/中专、大专和本科五个等级，分别做出父亲—子代、母亲—子代、非农业户口和农业户口样本的教育代际转换矩阵。

表 9 - 5　父亲—子代学历等级转换矩阵

		父亲受教育程度（%）					
		小学及以下	初中	高中/中专	大专	本科及以上	所占百分比
子代受教育程度	小学及以下	15.7	4.33	2.46	0.62	1.18	7.24
	初中	64.27	50.67	30.49	6	4.14	47.4
	高中/中专	14.98	28.15	35.56	24.31	18.54	24.65
	大专	3.46	11.23	19.91	34.31	25.25	12
	本科及以上	1.59	5.63	11.58	34.77	50.89	8.71
	所占百分比	100	100	100	100	100	100

资料来源：2005 年全国 1% 抽样调查数据。

表 9 - 6　母亲—子代学历等级转换矩阵

		母亲受教育程度（%）					
		小学及以下	初中	高中/中专	大专	本科及以上	所占百分比
子代受教育程度	小学及以下	11.38	2.6	1.62	0.8	0.46	6.71
	初中	63	39	16.42	2.93	2.75	46
	高中/中专	20	34	36.19	19.73	9.63	26

续表

子代受教育程度		母亲受教育程度（%）					
		小学及以下	初中	高中/中专	大专	本科及以上	所占百分比
	大专	4.55	15.29	26.49	32.53	24.77	12
	本科及以上	1.67	8.7	19.28	44	62.39	9
	所占百分比	100	100	100	100	100	100

资料来源：2005 年全国 1% 抽样调查数据。

表 9-5 可以看出，父亲教育程度为小学及以下时，子女有大约 80% 的可能性进入初中及以下较低的学历等级，仅有 5% 左右的子女能进入大专及以上较高的学历等级；当父亲受教育程度为初中时，子女有一半的可能仍处于初中学历等级；当父亲受教育程度较高为大专时，子女约有 69% 的可能接受大专以上教育；当父亲受教育程度为本科及以上时，子女有一半的可能进入本科及以上学历等级，约有 5% 的可能在初中及以下的学历等级。这表明低学历父亲的子女很难向上流动，接受高等学历的可能性很小，高学历父亲的子女也很难向下流动，不太可能接受较少的教育。对角线上的数代表父亲与子女教育水平处于同一等级的可能性，即表示没有任何流动，本文取对角线上元素的平均数来表示不流动比率，计算可得父亲—子代转换矩阵的不流动比率为 37.43%，其中本科及以上的学历等级父亲—子代之间的教育代际持续性高达 50.89%，初中学历等级的教育代际持续性高达 50.67%，远高于平均值 37.43%。

由表 9-6 可知，母亲的教育程度为小学及以下时，子女约有 74% 的可能进入较低的学历等级，有 26% 左右的可能性接受高中及以上教育；母亲受教育程度为初中时，子女有 39% 的可能仍处于初中学历等级，有约 23% 的可能性进入大专及以上较高的学历等级；当母亲受教育程度为本科及以上时，子女有 62% 的可能性接受本科及以上的高等教育，远高于母亲—子代转换矩阵的不流动比率 36.35%，仅有约 3% 的可能性进入初中及以下的学历等级。

整体来看，无论是父亲—子代还是母亲—子代，教育的代际传递性均较强，主要在相邻等级间流动。母亲受教育程度高的子女更不可能接受较少的教育，而在其他几个学历等级中，母亲—子女的代际传递性弱于父亲—子女的教育代际传递性，代际流动性更高。

表9－7和表9－8分户口性质进行考察，非农业户口样本中，父亲受教育程度小学及以下时，子女进入初中及以下较低学历等级的可能性约为42%，进入大专及以上较高学历等级的可能性约为19%；父亲为本科及以上较高学历时，子女进入大专以上学历等级的可能性高达76%。农业户口的样本中，父亲学历等级为小学及以下时，其子女进入初中及以下较低学历等级的可能性高达92%，父亲学历等级分别为小学及以下、初中、高中/中专和大专时，子女进入初中教育等级的可能性均较高；当父亲学历等级为本科及以上时，子女进入大专及以上学历等级的可能性约为50%。整体来看，农业户口样本中子代滞留在初中学历等级的较多，普遍受教育程度较低；非农业户口的样本相比农业户口样本，无论父亲学历处于哪一等

表9－7　　非农业户口父亲—子代学历等级转换矩阵

	非农业户口	父亲受教育程度（%）					
		小学及以下	初中	高中/中专	大专	本科及以上	所占百分比
子代受教育程度	小学及以下	5.02	1.55	1.03	0.32	1.2	1.82
	初中	37.07	17.46	10.4	4.78	3.99	16.45
	高中/中专	39	45.75	43.81	24.2	18.36	39.58
	大专	12.71	23.1	27.88	34.71	25.35	23.98
	本科及以上	6.2	12.14	16.89	35.99	51.1	18.17
	所占百分比	100	100	100	100	100	100

资料来源：2005年全国1%抽样调查数据。

表9－8　　农业户口父亲—子代学历等级转换矩阵

	农业户口	父亲受教育程度（%）					
		小学及以下	初中	高中/中专	大专	本科及以上	所占百分比
子代受教育程度	小学及以下	19.14	6.64	5.49	9.09	0	12.11
	初中	73.12	78.37	73.2	40.91	16.67	75.33
	高中/中专	7.19	13.45	18.03	27.27	33.33	11.17
	大专	0.45	1.33	2.98	22.73	16.67	1.18
	本科及以上	0.1	0.2	0.31	0	33.33	0.2
	所占百分比	100	100	100	100	100	100

资料来源：2005年全国1%抽样调查数据。

级，子代流向较高学历等级的可能性均更大。尽管回归系数结果表明农业户口的教育代际持续性低于非农业户口的样本，但通过转换矩阵法进一步分析发现农业户口的样本中大部分子代处于初中学历等级，父母学历为大专及以下的子女基本不可能进入本科及以上较高的学历等级。

四、稳健性分析

1. 使用20岁以上全部样本

在数据处理时，排除了子女仍在校的样本，通常20岁以上仍在校的子女受教育程度较高，根据转换矩阵分析的结论，高学历等级的教育代际传递性更强，因此排除了这部分样本可能使得结果低估，故加入了20岁以上仍在校的样本进行回归分析。如表9－9相比表9－2主模型的结果，加入20岁以上仍在校的样本进行回归时，父母—子代教育代际传递持续性略有增加，并且仍是父亲—子代的教育代际持续性高于母亲—子代的教育代际持续性。加入交叉项分析变化趋势，与之前的结论基本一致。

表9－9　　对京津冀地区教育代际传递的再估计

面板A	没控制户口性质	控制户口性质	农业户口	非农业户口
父亲受教育年数	0.474***	0.228***	0.147***	0.279***
母亲受教育年数	0.423***	0.203***	0.124***	0.258***
面板B	京津冀	北京	天津	河北
父亲受教育年数	0.154***	0.185***	0.082*	0.138**
60s×父亲受教育年数	0.021	0.037	0.098*	－0.025
70s×父亲受教育年数	0.089***	0.078	0.188***	0.065
80s×父亲受教育年数	0.095***	0.051	0.190***	0.053
母亲受教育年数	0.241***	0.259***	0.182***	0.313***
60s×母亲受教育年数	－0.092***	－0.057	－0.045	－0.258***
70s×母亲受教育年数	－0.024	－0.016	0.083**	－0.162**
80s×母亲受教育年数	－0.030	－0.028	0.065*	－0.185**

注：括号中为标准误；* $p<0.1$，** $p<0.05$，*** $p<0.01$。

资料来源：2005年全国1%抽样调查数据。

2. 使用2000年全国人口普查数据

表9－10使用2000年全国人口普查数据进行回归分析，结果表明父母的受教育年限均对子女受教育年限有显著的正向影响，并且父亲教育对子女的影响更大。相比2005年数据，回归的系数均相应下降，这也表明了1980年之后出生的子女相比1980年之前出生的子女教育代际传递性有一定增加，相应地，教育代际流动性有所下降。考察教育代际流动的变化趋势发现，京津冀地区60年代和70年代出生的子女相比1960年之前出生的子女，父亲—子代的教育代际传递性无显著变化。北京70年代出生的子女相比60年代之前出生的子女，父亲—子代的教育代际传递持续性显著降低；天津60年代、70年代出生的子女相比60年代之前出生的子女，父亲—子代的教育代际传递性均显著增加；河北70年代出生的子女相比60年代前出生的子女，父亲—子代的代际传递性显著增加。

表9－10　使用2000年数据的再估计

面板C	没控制户口性质	控制户口性质	农业户口	非农业户口
父亲受教育年数	0.362***	0.187***	0.096***	0.262***
母亲受教育年数	0.323***	0.165***	0.075***	0.231***
面板D	京津冀	北京	天津	河北
父亲受教育年数	0.207***	0.292***	－0.023	0.128***
60s×父亲受教育年数	－0.013	－0.036	0.243**	－0.019
70s×父亲受教育年数	－0.023	－0.093*	0.288**	0.024
母亲受教育年数	0.193***	0.210***	0.128	0.120**
60s×母亲受教育年数	0.003	0.021	0.039	0.012
70s×母亲受教育年数	－0.039	－0.066	0.061	0.012

资料来源：2000年全国普查调查数据。

五、结论和建议

代际流动性一直是经济学和社会学中很重要的问题，教育的代际传递会随着时间变化在横向水平加剧收入不平等，对社会的公平和效率有很大影响。教育作为人力资本投资的关键渠道，被认为是实现向上流动的重要途径，然而近年来，许多调查显示农村大学生比例越来越少，教育的代际传递问题引起了广泛关注。

本章使用2005年全国1%抽样调查数据，采用回归系数法和转换矩阵法研究京津冀地区教育代际持续性的变化趋势，分别考察了父亲—子代、母亲—子代、不同子女性别、户口性质以及三个地区的教育代际持续性。结果发现：第一，从整体来看，父亲—子代的教育代际传递持续性高于母亲—子代的教育代际传递性；非农业户口子女的教育代际传递性高于农业户口的教育代际传递性，可能是因为农业户口受教育年限普遍偏低造成的；父母—女儿的教育代际传递持续性大于父母—儿子的教育代际传递性。第二，从变化趋势上看，1955～1985之间年出生的子女，教育代际持续性大致呈现倒“U”形的变化关系。第三，从北京、天津和河北三个地区对比看，北京和天津两个地区教育代际持续性基本相同，均高于河北的教育代际传递持续性。

根据本章的研究结果提出了三个政策建议：(1) 农村地区应继续强化基础义务教育。尽管农业户口子女的教育代际传递性低于非农业户口的教育代际传递性，但从转换矩阵分析看，是因为农业户口样本中处于初中学历水平的子女较多。农业户口子女的受教育水平普遍偏低，应继续强化农村地区的义务教育。(2) 高等教育资源可以适当向农村地区或农业户口子女倾斜。从转化矩阵分析中发现，在农业户口样本中，父亲本科以上学历的子女仍处于本科以上学历的可能性为33%，父母学历等级大专及以下的其子女很难接受高等教育机会，仅通过教育代际传递很难提高农村学生接受高等教育的机会。因此高等教育资源可以适当向农村地区或农业户口子女倾斜，促进教育机会公平。(3) 增加公共教育投入，促进教育资源公平合理分配。对比北京、天津和河北三地的教育代际持续性，河北的教育代际传递性相对较弱，这是由于河北普遍受教育程度较低所致。应加强对教育发展水平较低地区的教育资源投入，建立合理的发展模式，促进教育资源合理公平分配。

京津冀基础教育协同发展的政策建议

京津冀的基础教育协同发展，政府是最主要的龙头。从根本讲，各地政府应当在各地区、在合作理念上做出根本转变。突破各自为政的心理隔阂，相互信任，在平等互利、协商共赢的基础上，推进各政府间的合作，制定整体规划，实现整个区域的和谐发展。国家教育政策上的扶持是至关重要的，相对宽松的教育政策及教育政策是否具有一致性和倾向性会最直接影响三地教育的质量和发展。不一致的政策必将引发不一致的教育目的和方面。政府作为行政政策的执行体，需要根据人口分布状况及流动趋势合理进行教育布局，保证京津冀师生比维持在均衡水平，尽量避免差异的扩大，避免学生为了追求所谓的高质量教育而每天奔波于两地的现象。基础教育质量的尽可能均衡是很重要的，应当切实让家长们感受到就近入学就能享受高质量的教育。除了从政策条令中针对合理分担教育投入之外，三地政府更应当在财政支出和转移支付方面在地方生产总值中按统一的比例投入教育领域，加大市级财政教育投入比例。另外，在基础教育人力资源调配的方面，更应当加强师资培训与教师流动，激励教师流动到基础教育相对薄弱的地区。在职称评定、工资分配、优惠购房等方面加大力度，吸引人才。特别要指出的是，上述举措仍面临着一系列的困难有待克服。区域内不同行政部门仍存在多头管理、职责不清及相互推诿的现象；有些地区乱象丛生、久疏治理，教育培训市场秩序无章、诚信缺失，有些问题是政府部门有意绕开承担责任所致，需要在地方各级政府权力清单中予以厘清，使基础教育的发展进程尽快步入法制化轨道。

除了政府之外，学校和社会力量都是完善基础教育协同化发展的重要力量。学校作为协同发展战略的实施主体，应提升自身的执行力，切实落实政策；社会力量则应发挥强大的监督和专业作用，为战略的实施提供专业的知识和研究，并切实对政府和学校的政策进行监督，保障基础教育协同发展的顺利实施。

一、构建强有力的协同发展机制

机制设计对于京津冀地区的基础教育协同发展有着重要意义。机制的设计是政策实施和执行力度的制度保障，而发展机制的设计涉及基础教育发展的方方面面，需要多角度、全方位展开。

1. 建立健全城乡基础教育管理治理体制，推动区域基础教育发展

治理机制的建立对于京津冀地区的协同发展有着重要意义。京津冀一体化区域内教育的发展离不开教育治理体制的规范、引导，健全的教育治理体制有助于从整体上把握全局性的教育开展，有助于从宏观上审视京津冀各地区基础教育发展的不足，有助于京津冀地区建立长远的教育发展目标，从而形成体制指导实践，实践提升理论的良性互动。由于京津冀地区缺乏统一有效的机构针对基础教育方面展开协调和重组行动，因而长期存在着低效率和执行力弱的问题。治理机制的建立，可以有效针对京津冀地区教育发展过程中各方的特点、优势、需求及可能存在的功能重叠和冲突之处进行分析和处理，厘清中央和区域各层面、各类部门在京津冀区域教育协同发展中的责任结构与协同合作方式，协同构建一个权属明确、责任清晰、合作高效并且集合了政府、学校、社会机构和公民共同参与的京津冀区域教育治理机制，并以此为着眼点和关键展开区域教育发展的协同合作。

由于长期以来以城市为中心的教育价值观念的影响，京津冀各地区农村教育发展相对滞后，基础教育作为适龄儿童接受教育的开端，在农村地区经常存在着大批量适龄儿童在基础教育期间辍学的现象。可以说，基础教育的发展缺陷不仅影响了本层次教育的发展水平，更进一步影响了高层次教育的发展前途。在农村地区，尤其是河北各城市的农村地区，无论是人力投入、物力投入还是财力投入，较北京市区、天津市区乃至于河北各城市市区而言都相对较少。因此有必要在各地区城乡之间建立一套完善、

系统的基础教育管理体制，从宏观层面指导基础教育的发展方向，指导基础教育良性运转。

在发展河北农村地区基础教育过程中，应当特别注意对教师人力资源的发展。可以选择在教育资源比较稀缺的地区增加教师数量，提高教师整体素质。京津冀地区是教育中的人力资源具有较强的流动性的区域，人是社会生产力中最活跃，但同时也是基础教育中不可或缺的因素。评价京津冀地区基础教育协同发展质量的好坏，教育人力资源是至关重要的一环，也是必不可少的关键。教育人力资源的培养、发展的周期相较于其他硬件指标的周期要长，而且存在很多不稳定因素，其人力资源的结构也复杂易变。由于一个地区教育人力资源的优化配置不可一蹴而就的，是一项需要长期发展的事业。教育人力资源中，直接从事教育工作的教师占有相当大的比重，因为教育首先是人面对人，即老师教导培育学生；其次才是人管理人，即从政府教育调控管理教育实施。师资力量是整个教育人力资源的基础，教师数量的增加和素质的提升有助于促进教育人力资源的整体提升，而提高教师的整体素质更是教育人力资源发展的核心。

2. 运用多层次的行政机制，引领区域基础教育发展

探索京津冀基础教育协同发展的路径中，针对三地的行政壁垒问题，应建立起更高层次的合作磋商协调机制，打破地区政府的行政阻隔，形成各地资源信息共享、优势互补、协调发展的合作模式。行政机制纵向上可以分为三级行政领导，协调中央政府与地方政府的关系，主要包括决策、协调和执行等三个层级。“决策层”为中央政府主导、地方政府参与的京津冀地区基础教育领导座谈会，主要任务是确定京津冀基础教育合作的原则、方向、目标与重点等重大问题，审议并决定区域教育发展重大事项，是最高层次的协作机制，利用中央的行政手段协调并引导各个城市形成各自明确的基础教育发展目标和战略，从而形成区域发展梯度，便于开展分工协作。“协调层”为中央政府指导、地方政府主导的京津冀地区基础教育协同发展联席会议，由地方自主协调推进京津冀区域各级各类教育重大合作事宜，建立健全各级各类教育联席会议制度等，合理调控中心城市的辐射带动能力。“执行层”是地方政府主导、中央政府监督下的具体推动京津冀区域教育合作工作的执行部门，承担三地联席的办公室职责并检查督促各种教育协作计划的落实情况，合理调控参与协同发展的教育机构的数量与组织的规模，提升协同发展的规模效益，防止合作泛化滥化。

3. 设立严格的约束机制，保障区域基础教育发展

制度是约束社会群体遵循某种规范的行为准则，主要通过制定法律、法规和政策等形式实施。在基础教育发展的过程中，制度缺陷带来了严重的约束匮乏，导致各地区在基础教育发展过程中竞争大于合作，合作契机不足，合作执行力低。制度供给不足是造成京津冀区域基础教育协同发展进程缓慢的重要原因，因此需要坚持构建约束机制，做好三地的基础教育发展规划，针对合作的指导思想、内容、形式、组织架构和相关配套政策等展开设计，这是保证区域教育合作能够启动并得到实质性推进的最重要、最基本的依据和保障；同时可以利用社会的力量，组成民间组织，为区域发展提供战略规划建议、决策提供意见，并针对已经实施的政策和计划进行一系列监督和检查。民间组织针对基础教育的关心是民生问题，解决民生问题关键还是要让民众参与进问题的解决过程中来。

4. 顺应灵活的市场机制，推动区域基础教育发展

尽管基础教育作为公共服务事业大部分需要的是行政力的支持，但在社会主义市场经济的背景之下，基础教育的发展仍离不开顺应市场经济。首先，从中央一级指导基础教育发展方向调整，推动京津冀三地的基础教育发展体制改革，杜绝“分灶吃饭”。另外还要尊重市场规律，实事求是的调整基础教育在三地之间的发展方向，重视地区之间的教育发展差异。在这种发展模式下，注重教育创新和发展方式的转型。其次，注重发挥市场机制在三地基础教育资源配置中的调控作用，促进三地资源要素自由平等流动。在此过程中需要形成“政府—学校—社会”三位一体的发展模式，形成在市场环境下的“铁三角”发展模式。在此模式中，政府需要运用“监督—服务”式的运行方式，指导协调各部门之间的关系，承担着区域基础教育协同发展的重要任务。同时，充分调动市场对区域教育资源配置的决定作用对于发挥学校的自主性有着重大意义，这有利于相信和依靠社会力量，把政府无法或者没有足够精力处理的事情交给社会和学校办，引入竞争机制，实现教育提供主体和提供方式的多元化。在社会力量方面，应当适时鼓励民间自发的教育跨区域协作行为，激发教育的活力和创新力。发挥政府部门的综合协调作用、市场资源配置作用、非营利组织的沟通交流作用、专家学者的参谋咨询作用、引导公众参与发挥教育协同合作的监督和促进作用，化解政府间合作存在的种种矛盾和问题。

5. 建立开放型共享机制，协调区域教育发展

京津冀地区的基础教育发展资源不均衡带来了众多发展过程中的问题，其中三地之间资源共享贫乏导致的恶性循环意味着必须建立开放性的共享机制，使京津地区的优势基础教育资源可以有效向河北地区发挥强大的辐射作用。基础教育资源共享、建立平衡不同地区利益的区域一体化利益补偿和分享机制是区域基础教育协同持续发展的关键，在共享机制的建设过程中，需要中央政府的权威推动教育的层次和专业结构优化将逐步有序地由高梯度区域向低梯度区域转移。同时，针对河北教育发展多层级的发展特点，可以考虑优先向具有一定地缘优势的地区开放资源共享。共享机制的建立，对于推进区域间的基础教育资源互通互联，完善区域基础教育信息化建设，推进区域公共教育服务共建有着重要意义。

教育资源共享机制的建立有利于协同发展目标的快速实现，从而有利于促进教育的发展进步，并为整个区域内的经济社会发展提供动力。为了发展京津冀经济社会的进一步发展，合理配置、优化区域基础教育资源，实现京津冀的基础教育服务水平均衡发展，从制度上保障教育公平目标的实现。在教育事业开展过程中，共享现有的教育资源，不仅可以节约教育成本，使教育资源过剩的地区分担教育资源紧张区域的教育压力，闲置的教育资源也得到了有效的利用，避免了教育资源浪费的现象。

6. 贯彻渐进的扩展机制，完善区域基础教育发展

京津冀区域基础教育的协同发展过程应遵循先易后难、先局部后整体的路径，逐步开展合作。京津冀三地之间的基础教育已面临一定的发展差距，而河北内部的地区性基础教育协同发展情况更是令人担忧，省内地域基础教育发展差距极大，省会石家庄市的基础教育条件处于全省领先地位，逐渐接近京津两市。而省内其他城市则仍有一段差距，特别是河北省北部的张家口、承德地区，基础教育发展仍处于在全国水平相对落后的位置。在这种发展现状之下，协同发展的过程必须要经过层层扩展，以重点带动作用为主要方式，层级渐进式缩小地区之间的基础教育发展差距。

首先，逐步扩展基础教育资源的协同发展范围。将教育资源相对集中的京津两市的优质基础教育资源向外扩展。基础教育资源的扩散过程也应当顺应经济发展一体化的趋势，同时配合高等教育等其他方面教育的协同发展过程，向外辐射。其次，针对基础教育发展处于劣势的县镇地区，需要结合河北省下辖市的产业经济发展状况及已有的基础教育发展状况，在乡镇密集地区加强基础教育协作，针对当地的发展现状和发展所受限的方面展开重点突破。再其次，针对河北北部教育最落后的地区进行重点关注并给予相应的政策和机制支持，在当地适时建立基础教育跨地区对口帮扶制度。最后，逐步延伸教育协同发展的时间。

在发展扩展过程中还需要考虑不同时间段的扩散计划。在计划指定的过程中，应当遵循随着时间的推移不断深入计划实施的原则，制定分期目标。在近期目标中，应当率先实现以计划和行政的手段使京津冀三地的基础教育有计划的整合，教育资源得到共同利用和集中；中期发展时，应当以实现基础教育资源布局与京津冀区域发展需求相结合的目标。地区间实现合理调整存量教育资源，积极共享增量教育资源，在区域内实现教育资源与各地规划、经济发展、生态保护和人口调整等多种需求相结合；发展阶段到达远期后，实现教育资源布局与学校自身发展需求相结合，各地政府、学校和社会形成合理有序、积极自发的协同发展方式，区域内实现教育资源与学校自身发展需求相结合，政府、学校和社会多中心、多层次、多形式的教育协同发展网络。由此，教育协作层次由浅入深、由易到难、由探索到完善，最终形成区域基础教育协同发展的良好局面，使京津冀地区成为具有竞争力的基础教育中心。

7. 采取有效的激励机制，督促区域教育发展

京津冀地区的基础教育长期存在差距的一大负面影响就是三地之间缺乏协同发展的动力。京津地区自持基础教育发展处于全国领先的地位，没有动力去带动周边河北省的基础教育发展；而河北省则挣扎于全国平均水平线上，无法从实际行动上真正获得优势资源。在这一前提下，应当改革评估方式，建立完善的区域教育协同发展激励机制，加强三地的基础教育协调发展各项协议的执行和监测。特别的，要注重行政契约在推动基础教育协同发展中的重要作用，切实推行已签署的行动计划，谨防各种协议、计划成为一纸空文。激励机制的设立，特别要注重三地共同的基础教育发展效果的评估，淡化单一的地方发展成果评估。同时，在考察合作效果的同时，还应当把各合作主体的合作态度和行为纳入考核体系。特别还要设立针对三地基础教育协同发展结果的监督与奖惩机制，倡导各地区之间的相互监督，对成绩突出的协作机构或个人给予充分奖励和政策扶持。

二、探索构建京津冀财政转移支付的新方式

京津冀一体化区域内有北京、天津两个特大城市，但明显缺少较为发达的中等城市，致使京津两大直辖市与周边相对独立的小城市群在各个层次的发展上相互脱节，彼此之间的空间联系比较松散且薄弱，城市的整体发展水平普遍不高。在基础教育环节，更是出现了异常的脱节现象。在京津冀基础教育合作协同发展的过程中，各地区政府应当着眼于区域的整体发展，协商并制定统一的、较为公平的且具有强制效力的政府合作发展规划及执行方案。基础教育的协调发展必须树立大局观念，加强各省市政府间的协调和衔接，逐步消除地方保护主义等妨碍基础教育资源共享和重置的思想障碍与政治体制障碍，弱化行政区域的划分。一定要打破地域范围内的界限，加强彼此之间基础教育硬件资源的调配以及教育人力资源的共享，避免区域内过度竞争，才能促进本区域基础教育发展，实现真正的协同发展。京津两大中心城市地理位置上紧邻，应充分发挥辐射功能，形成龙头，共同向腹地辐射相应的资源和人力。

自分税制改革以来，政府对教育相对处于弱势的地区所采取的财政支持主要是纵向财政转移支付，包括中央政府对地方政府、上级政府对下级政府两种形式。但在现实社会中，这种单一的、纵向的教育经费转移支付缺乏相应的制度规范，进而加剧了不同地区之间财政支付的差距，导致政府在京津冀地区基础教育方面的供给产生了地区间的不均等。基础教育作为公共服务中重要的一环，长期以来政府的转移支付都以单一方式进行，改革的需要十分迫切。特别是京津冀地区的地区政府层级不同，其接受到的财政转移支付长期处于不平衡的状态，基础教育在不同地区之间得到的财政重视不同，进而带来了一系列差异。

因此，需要进一步完善京津冀地区的财政转移支付制度，建立以均等化和世纪化的教育拨款为基础、较为规范的转移支付体系，明确各级政府处理教育财政拨款的处理事权和责任，并且要根据地方的财力情况实行纵

向与横向相结合的财政转移支付体制。这也意味着转移支付也需要一定程度上淡化京津冀三地的行政地位，最直接的做法就是增加河北的基础教育支出和投入，以确保河北有足够的财政能力缩小与京津二地的基础教育条件差距。可以在以纵向转移支付为主要模式的同时，试行地区间横向的转移支付。京津地区除可以通过对河北地方政府更有效地进行横向转移支付以提供财力支持，以实现地区间基础教育服务的协同化发展之外，还可以利用已经形成的京津冀城市圈一体化战略签订政府间的服务合同、基础教育资源的联合供给协定等方式，积极探索京津冀教育发展特别是基础教育发展的财政支付横向转移的新方式，加快京津冀基础教育的协同发展进程。

三、顺应并调整基础教育布局

京津冀协同发展的区域功能调整和产业迁移必然带来一定规模的人口跨区域迁移，三地的基础教育布局也应当随之相应调整，需要开展创新性的战略思考，以适应这种一体化发展的办学模式、办学体制。具体而言，可以以提升区域基础教育整体竞争力为目标，推动区域内教师人才资源有序流动；构建具有权威性和执行力的中央政府利益补偿和分享体系，利用中央政府权威推动教育的层次和专业结构优化将逐步有次序地由高梯度区域向低梯度区域转移；实施成本分担制，对环京津贫困带匮乏的基础教育资源实现经济补偿；实现跨地区组团发展，对口支援，使适龄学童留在当地完成义务教育；优先向具有一定地缘优势的地区开放资源共享，推进区域基础教育资源互通互联，完善信息化建设，推进基础教育服务的共建、共享。

四、充分落实和开展基础教育人力资源的调配

在基础教育协同发展的过程中，除针对教育财政投入和教育资源的调整和再分配之外，针对教育人力资源也应有着重新认识和再分配。师资资源作为各层级教育中不可或缺的一环，是传授知识和思想的主体，更应当

引起足够的重视。

1. 加强区域间的师资培训与教师流动，激励教师流动到基础教育相对薄弱的地区

京津地区与河北的基础教育质量除在硬件设施上有一定的差距外，在软实力方面即师资配备以及其质量方面都还存在一定的差距。教师是教育质量的软实力代表，其工作质量也是衡量地区的教育水平发展的重要标准。缩小京津冀之间的基础教育发展差距，在教师方面理应充分利用京津两市在教师资源方面的优势条件，有意识地将京津地区的优势教师资源向河北地区吸引。在实施的过程中有众多表现形式，如开展师资培训活动、地区间的师资交流活动和开办基础教育发展经验论坛会等。基础教育对于师资质量的要求主要在教师的思想和知识引领能力方面，在交流和培训中，应主要侧重于教学方法和教学模式的交流与沟通，同时也不可松懈对于思想教育的把控。

近年，京津冀地区一体化战略提出后，京津冀区域基础教育行政部门与学校交流合作相对以往已有了相当进步，交流频率也明显频繁。但是，交流合作形式相对比较松散，其内容也相对过于笼统，未能针对京津冀三地的基础教育发展不平衡问题进一步深入探讨并形成稳定的制度。当下，中央、京津冀三地的省（市）、区（县）政府都应积极探索推进，在中央已完成顶层设计的战略布局后，立足实际、因地制宜的执行相应的基础教育协同发展策略、深化各个层次教育的改革。为了实现该目标，京津冀三地在展开师资资源交流与探讨过程中，必须把握三地教育发展的专有特点，不仅要全国教育发展趋势的角度来认识、筹措和推动，而应当针对各地的不同特点加以推动，真正做到取长补短、扬长避短。这有利于真正使京津冀城市圈的基础教育真正做到特色发展、多元发展、优质发展。同时也要求当地政府和学校真切从制度上实现协同化、一体化和互补性，推进京津冀区域教育的协同发展。

在活动开展的过程中，需要政府和学校的双方的共同配合。政府方面，师资资源优势的地方政府应当对学校给予相应的资金补贴，以激励和推动交流与合作活动的开展。在这种条件下，国家更应当以激励和约束机制作为导航，从宏观角度全局掌控京津冀地区的师资资源市场的流动；师资资源相对薄弱的地方政府，特别是河北基础教育相对比较落后的地区更应当充分配合活动给予相应的财政支持，积极鼓励基础教育阶段的师资人员参与该类活动，展开学习与经验共享。学校方面，双方学校都应当积极顺应京津冀地区的一体化发展潮流，在全力开展交流与实践活动的同时，致力于切实提高交流和沟通活动的质量，形成深入的交流合作体系，防止活动流于形式。

2. 建立健全奖励制度，吸引师资人才流向弱势地区

除在活动方面激励京津优势地区与河北省师资充分沟通与交流之外，当前已实行的奖励制度也非常有效并需要坚持。奖励制度的根本目的是为了鼓励优势教师人才资源到师资力量薄弱、基础教育发展相对落后的地区而设立的，这种制度对于年轻有为、正处于事业上升期的教师群有非常明显的作用。

奖励制度目前在京津冀地区尚未完善，在我国之前的发展过程中“西部大开发”的支援计划已经有了相当丰富的实践经验。在京津冀地区，相对而言教育差距和实际条件尚不如东西部之间的天壤之别，因而实施难度也会相应较小。具体形式可以采用职称评定、工资分配和优惠购房等，还可以设立系列奖励基金，以吸引优秀人才转移至河北省基础教育相对薄弱的地区。

在奖励制度的实施过程中，同样伴随的应该还有针对教师资源的思想教育建设，从思想上展开一系列的引导和支持，在教师队伍培养中积极贯彻教育协同发展的思想，为今后师资人力资源的转移做好准备。

五、调动社会力量，做好专业人员的服务工作

除政府作为牵头人从行政和财政等多方面规划和学校作为执行主体开展一系列活动之外，社会力量同样不可被忽视。京津冀基础教育协同发展是一个全新课题，需要加强顶层设计和科学研究。针对发展过程中产生的问题，需要系列的专业研究和探讨才能实施统一规划、科学规划，科学的理论研究可以为京津冀基础教育协同发展提供强有力的支撑。

一方面，在发展过程中需要发挥专业科研人员的力量，积极吸收教育学、人口学、社会学和经济学等各领域的专家参与，从教育、人口、社

会、产业发展和经济发展等不同的视角，研究京津冀三地基础教育协同发展对三地教育带来的机遇与挑战。在参与过程中，应当科学调配各个地区、各个领域的专家及学者在课题中的研究领域，并最终进行科学的、实证的、正面的和反证的决策模拟研究，团体攻关，共同做好京津冀基础教育协同发展的咨询与服务工作。

另一方面，需要调动相关社会机构的力量，在社会活动中给予学校和政府相应的社会舆论和活动支持，以社会力量调动民众的积极参与性。基础教育的协同发展对于民众而言是切实的身边民生问题，社会组织和机构更应当努力调动民众的参与积极性，积极为发展出谋划策，贡献智慧和技能。然而，社会力量的调动相对政府和学校而言仍具有一定的困难，其内部结构有可能存在交叉、重复等智力和技能浪费的情况，同时其发展力量一般也相对间接，实际执行力相对较弱，仍需要长时间的发展和尝试。

近年来，京津冀基础教育的协同发展作为最新提出的课题，是顺应京津冀三地城市圈一体化发展的必然选择，也是推动和加快一体化进程的重要举措。在整体的教育协同化发展的大背景下，集修护教育作为教育类别中的基石作用格外突出。在九年义务教育已经实现了普及的前提下，基础教育协同发展仍面临着种种困难与挑战。作为京津冀整体一体化发展的一个关键词背后有着多重含义，“协同”应是京津冀政府与学校、社会间基于共识、突破传统范畴的多角度以及全方位的深度协作，意味着京津冀相关职能部门、各级各类学校、教育研究机构和社会组织等不同类型、不同性质的各方机构，基于行政、研究和实践视角的协同，从教育政策、制度和教师实践等不同层面间的协同，从学校、社会教育、家庭教育等多种类型教育之间的协同，教师、家长、社会人士等多类主体间的协同，以及国内和国际教育实体间的协同。同时，协同合作应共赢互利，建构协同运作机制。在协同发展的大环境下，同时也需要着京津冀地区在基础教育发展过程中勇于创新与实践。“创新”则要求京津冀三地打破陈规进行教育体制改革，从建立现代学校制度为切入点，在办学体制与管理体制等方面实现创造性的突破，释放区域教育的共同活力。京津冀基础教育协同发展不会一蹴而就，需要多主题、多角度、多层次地不断推进和深化，需要的是各级政府、学校以及社会的逐步努力和改革，终究会成为一个深入人心的概念，为京津冀一体化战略做出贡献。

参考文献

[1] 曹浩文、李政：《京津冀基础教育协同发展：定位、现状与对策》，载《上海教育科研》2017 年第 5 期。

[2] 曹妍、杨娟：《县级政府教育投入是否影响随迁家庭教育负担？——基于 CHIP 和县级数据的实证分析》，载《教育发展研究》2016 年第 1 期。

[3] 陈琳、袁志刚：《授之以鱼不如授之以渔？——财富资本，社会资本，人力资本与中国代际收入流动》，载《复旦学报：社会科学版》2012 年第 4 期。

[4] 段成荣、吕利丹、郭静、王宗萍：《我国农村留守儿童生存和发展基本状况——基于第六次人口普查数据的分析》，载《人口学刊》2013 年第 3 期。

[5] 段成荣、周福林：《我国留守儿童状况研究》，载《人口研究》2005 年第 1 期。

[6] 郭丛斌、闵维方：《中国城镇居民教育与收入代际流动的关系研究》，载《教育研究》2007 年第 5 期。

[7] 海闻、于菲、梁中华：《农民工随迁子女教育政策分析——基于对北京市的调研》，载《教育学术月刊》2014 年第 8 期。

[8] 韩嘉玲：《相同的政策 不同的实践——北京、上海和广州流动儿童义务教育政策的比较研究》，载《北京工业大学学报》（社会科学版）2017 年第 1 期。

[9] 胡枫、李善同：《父母外出务工对农村留守儿童教育的影响——基于 5 城市农民工调查的实证分析》，载《管理世界》2009 年第 2 期。

[10] 李春玲：《高等教育扩张与教育机会不平等——高校扩招的平等化效应考查》，载《社会学研究》2010 年第 3 期。

[11] 李云森：《中国农村教育的代际流动问题研究》，厦门大学硕士论文，2009 年。

[12] 梁宏、任焰：《流动，还是留守？——农民工子女流动与否的决定因素分析》，载《人口研究》2010 年第 2 期。

[13] 梁在、陈耀波：《农村—城市迁移对流动儿童教育的影响》，载《世界经济文汇》2006 年第 1 期。

[14] 林莞娟、张戈：《教育的代际流动：来自中国学制改革的证据》，载《北京师范大学学报》（社会科学版）2015 年第 2 期。

[15] 刘宝生：《推进省城义务教育均衡新发展的思考与建议》，载《教育科学》2008 年第 2 期。

[16] 刘复兴、薛二勇：《中国教育发展指数》，北京师范大学出版社 2014 年版。

[17] 刘精明：《中国基础教育领域中的机会不平等及其变化》，载《中国社会科学》2008 年第 5 期。

[18] 马骍：《教育代际流动的民族差异》，载《中南民族大学学报》（人文社会科学版）2014 年第 3 期。

[19] 孟凡强、初帅、李庆海：《高等教育规模扩张是否缓解了城乡教育机会不平等?》，载《教育与经济》2017 年第 4 期。

[20] 邵宜航、徐菁：《高等教育扩张与教育机会不平等演变》，载《经济学动态》2017 年第 12 期。

[21] 沈有禄：《基础教育均衡发展：我们真的需要一个均衡发展指数吗》，载《教育科学》2009 年第 12 期。

[22] 宋锦、李实：《农民工子女随迁决策的影响因素分析》，载《中国农村经济》2014 年第 10 期。

[23] 孙三百、黄薇、洪俊杰：《劳动力自由迁移为何如此重要？——基于代际收入流动的视角》，载《经济研究》2012 年第 5 期。

[24] 孙永强、颜燕：《我国教育代际传递的城乡差异研究——基于中国家庭追踪调查（CFPS）的实证分析》，载《北京师范大学学报》（社会科学版）2015 年第 6 期。

[25] 孙志飞：《农民工子女留守原因分析》，载《人口与社会》2010 年第 4 期。

[26] 唐有财、符平：《亲子分离对留守儿童的影响——基于亲子分离具体化的实证研究》，载《人口学刊》2011 年第 5 期。

[27] 陶然、孔德华、曹广忠：《流动还是留守：中国农村流动人口子

女就学地选择与影响因素考察》，载《中国农村经济》2011 年第 6 期。

［28］王蓉：《我国义务教育投入之公平性研究》，载《经济学》（季刊）2003 年第 2 卷第 2 期。

［29］王善迈、袁连生：《中国地区教育发展报告》，北京师范大学出版社 2010 年版。

［30］王善迈、袁连生、田志磊、张雪：《我国各省份教育发展水平比较分析》，载《教育研究》2013 年第 6 期。

［31］邢春冰：《撤点并校与农村居民的迁移决策》，载《教育经济评论》2016 年第 2 期。

［32］杨东平：《高等教育入学机会：扩大之中的阶层差距》，载《清华大学教育研究》2006 年第 1 期。

［33］杨舸、段成荣、王宗萍：《流动还是留守：流动人口子女随迁的选择性及其影响因素分析》，载《中国农业大学学报》（社会科学版）2011 年第 3 期。

［34］杨启亮：《底线均衡：义务教育优质均衡发展的解释》，载《教育理论与实践》2010 年第 1 期。

［35］姚嘉、张海峰、姚先国：《父母照料缺失对留守儿童教育发展影响的实证分析》，载《教育发展研究》2016 年第 8 期。

［36］岳昌君：《我国教育发展的省际差距比较》，载《华中师范大学学报》（人文社会科学版）2008 年第 1 期。

［37］张翼、周小刚：《我国流动人口子女受教育状况调查报告》，载《调研世界》2012 年第 1 期。

［38］赵红霞、冯晓妮：《我国教育代际流动性及地区差异的比较研究——基于 CHARLS 2013 数据分析》，载《中国青年研究》2016 年第 8 期。

［39］Antonovics，K. L.，Goldberger，A. S.，"Does increasing women's schooling raise the schooling of the next generation Comment"，*American Economic Review*，2005，95（05）：1738－1744.

［40］Antonovics，K.，Goldberger，A. S.，"Do Educated Women Make Bad Mothers?" *Twin Studies of the Intergenerational Transmission of Human Capital*. 2003.

［41］Becker，G. S.，Tomes，N.，"An equilibrium theory of the distribution of income and intergenerational mobility"，*Journal of political Economy*，1979，87（06）：1153－1189.

[42] Behrman, J. R., Rosenzweig, M. R., "Does increasing women's schooling raise the schooling of the next generation?" *American Economic Review*, 2002, 92 (01): 323 - 334.

[43] Black, S. E., Devereux, P. J., Salvanes, K. G., et al., "Why the Apple Doesn't Fall Far: Understanding Intergenerational Transmission of Human Capital", *The American Economic Review*, 2005, 95 (01): 437 - 449.

[44] Black, S. E., Devereux, P. J., Recent developments in intergenerational mobility. National Bureau of Economic Research, 2010.

[45] Carneiro, P. M., Meghir, C., Parey, M., et al., "Maternal Education, Home Environments and the Development of Children and Adolescents", *Journal of the European Economic Association*, 2013: 123 - 160.

[46] Chevalier, A., Parental education and child's education: A natural experiment, 2004.

[47] Connelly, R., Roberts, K., Zheng, Z., "The role of children in the migration decisions of rural Chinese women", *Journal of Contemporary China*, 2012, 21 (73): 93 - 111.

[48] Dearden, L., Machin, S., Reed, H., "Intergenerational mobility in Britain", *The Economic Journal*, 1997: 47 - 66.

[49] Démurger, S., Xu, H., "Left-behind children and return migration in China", *IZA Journal of Migration*, 2015, 4 (01): 10.

[50] Dustmann, C., "Children and Return Migration", *Journal of Population Economics*, 2003. 16 (04): 815 - 830.

[51] Fan, F., Su, L., Gill, M. K., et al., "Emotional and behavioral problems of Chinese left-behind children: a preliminary study", *Social psychiatry and psychiatric epidemiology*, 2010, 45 (06): 655 - 664.

[52] Fesslery, Pirmin, and Alyssa Schneebaumz. "Gender Aspects of the Intergenerational Persistence of Education in Austria", *The IAFFE Conference Papers*. 2009.

[53] Gao, Y., Li, L. P., Kim, J. H., et al., "The impact of parental migration on health status and health behaviours among left behind adolescent school children in China", *BMC public health*, 2010, 10 (01): 56.

[54] Hertz, T., Jayasundera, T., Piraino, P., et al., "The inherit-

ance of educational inequality: International comparisons and fifty-year trends", *The BE Journal of Economic Analysis & Policy*, 2007, 7 (02).

[55] Holmlund, H., Lindahl, M., Plug, E., "The causal effect of parents' schooling on children's schooling: A comparison of estimation methods", *Journal of Economic Literature*, 2011, 49 (03): 615 -51.

[56] J. R. Fridemna, *Regional Development Policy: A Case Study of Venezuela*, Cambrige: MIT Press, 1966.

[57] John Rawls, *A Theory of Justice*, Cambridge, Mass.: Harvard University Press, 1971.

[58] Liang, Z., Chen, Y. P., "The educational consequences of migration for children in China", *Social science research*, 2007, 36 (01): 28 -47.

[59] Maurin, E., Mcnally, S., "Vive la Révolution! Long-Term Educational Returns of 1968 to the Angry Students", *Journal of Labor Economics*, 2008, 26 (01): 1 -33.

[60] Plug, E., "Estimating the effect of mother's schooling on children's schooling using a sample of adoptees", *American Economic Review*, 2004, 94 (01): 358 -368.

[61] Pronzato, L., Müller, W. G., "Design of computer experiments: space filling and beyond", *Statistics and Computing*, 2012, 22 (03): 681 -701.

[62] Sacerdote, B., "How large are the effects from changes in family environment? A study of Korean American adoptees", *The Quarterly Journal of Economics*, 2007, 122 (01): 119 -157.

[63] Van de Gaer, D., Martinez, M., Schokkaert, E., Measuring intergenerational mobility and equality of opportunity, Katholieke Universiteit Leuven, Centrum voor Economische Studiën, Working Group Public Economics, 1998.

[64] Wen, M., Lin, D., "Child development in rural China: Children left behind by their migrant parents and children of nonmigrant families", *Child development*, 2012, 83 (01): 120 -136.

[65] Xing, C., Zhang, J., "The preference for larger cities in China: Evidence from rural-urban migrants", *China Economic Review*, 2017, 43: 72 -90.

图书在版编目（CIP）数据

京津冀基础教育协同发展研究／杨娟著．—北京：
经济科学出版社，2018.6
ISBN 978-7-5141-9514-9

Ⅰ．①京…　Ⅱ．①杨…　Ⅲ．①基础教育-协调发展-研究-华北地区　Ⅳ．①G639.21

中国版本图书馆 CIP 数据核字（2018）第 153821 号

责任编辑：赵　蕾
责任校对：王肖楠
技术编辑：李　鹏

京津冀基础教育协同发展研究
杨　娟　著
经济科学出版社出版、发行　新华书店经销
社址：北京市海淀区阜成路甲 28 号　邮编：100142
总编部电话：010-88191217　发行部电话：010-88191540
网址：www.esp.com.cn
电子邮件：esp@esp.com.cn
天猫网店：经济科学出版社旗舰店
网址：http://jjkxcbs.tmall.com
北京季蜂印刷有限公司印装
710×1000　16 开　12 印张　200000 字
2018 年 8 月第 1 版　2018 年 8 月第 1 次印刷
ISBN 978-7-5141-9514-9　定价：48.00 元
（图书出现印装问题，本社负责调换。电话：010-88191510）